Preconceito
contra a origem
geográfica e de lugar:
As fronteiras da discórdia

EDITORA AFILIADA

Conselho Editorial de Educação:
José Cerchi Fusari
Marcos Antonio Lorieri
Marli André
Pedro Goergen
Terezinha Azerêdo Rios
Valdemar Sguissardi
Vitor Henrique Paro

Dados Internacionais de Catalogação na Publicação (CIP)
(Câmara Brasileira do Livro, SP, Brasil)

Albuquerque Júnior, Durval Muniz de
 Preconceito contra a origem geográfica e de lugar : as fronteiras da discórdia / Durval Muniz de Albuquerque Júnior. – 2. ed. – São Paulo : Cortez, 2012. – (Preconceitos ; v. 3)

Bibliografia.
ISBN 978-85-249-1911-4

1. Discriminação 2. Preconceitos – Aspectos sociais 3. Preconceitos – Brasil I. Título. II. Série.

12-03827   CDD-305.8

Índices para catálogo sistemático:
1. Preconceito contra a origem geográfica : Sociologia   305.8

Durval Muniz de Albuquerque Júnior

Preconceito contra a origem geográfica e de lugar:
As fronteiras da discórdia

2ª edição

PRECONCEITO CONTRA A ORIGEM GEOGRÁFICA E DE LUGAR: As fronteiras da discórdia (col. Preconceitos – v. 3)
Durval Muniz de Albuquerque Júnior

Capa: aeroestúdio
Preparação de originais: Jaci Dantas
Revisão: Maria de Lourdes de Almeida
Composição: Linea Editora Ltda.
Coordenação editorial: Danilo A. Q. Morales

Nenhuma parte desta obra pode ser reproduzida ou duplicada sem autorização expressa do autor e do editor.

© 2007 by Autor

Direitos para esta edição
CORTEZ EDITORA
Rua Monte Alegre, 1074 – Perdizes
05014-001 – São Paulo – SP
Tel.: (11) 3864-0111   Fax: (11) 3864-4290
e-mail: cortez@cortezeditora.com.br
www.cortezeditora.com.br

Impresso no Brasil – junho de 2012

Sumário

Introdução ... 7

Capítulo 1. A construção das fronteiras: uma revisão bibliográfica ... 17

Capítulo 2. A formação do Estado Nacional brasileiro e os preconceitos por origem geográfica ... 40

Capítulo 3. O preconceito contra o nordestino ... 90

Bibliografia sugerida ... 131

Referências bibliográficas ... 133

Introdução

Muitas vezes esquecemos, dado o avanço cultural e tecnológico que a humanidade alcançou, que somos animais, que para sobrevivermos, como qualquer outro animal, precisamos explorar os recursos naturais, que dependemos de um ecossistema, que precisamos dos recursos que a terra, que a natureza nos proporcionam. Como muitos animais, o homem se caracterizou, desde cedo, por ser gregário, vivendo em grupos ou bandos, talvez por sua própria fragilidade em relação a outros concorrentes e por ser um animal territorial, por demarcar e defender territórios, ou seja, desde cedo, mesmo praticando o nomadismo, os grupos humanos se caracterizaram por demarcar fronteiras, por estabelecer uma área sobre a qual buscavam exercer o domínio, o controle, a exclusividade na exploração dos recursos naturais. Mas, como também somos seres culturais, capazes de produzir, através de várias formas de linguagens, significados e sentidos para tudo com que nos relacionamos, já nestes primeiros agrupamentos humanos veremos estes territórios, estas demarcações territoriais ganhar sentidos culturais, serem demarcados simbolicamente. Se alguns animais, como o leão ou o cachorro, usam a urina ou os excrementos para marcarem seus territórios, os homens usam símbolos ou signos para marcar e representar seus domínios territoriais. Desde a pintura de certas árvores ou pedras, passando pela sofisticação dos brasões, marcos, pelourinhos, arcos do triunfo, até os mapas, o homem desenvolveu, ao longo de sua história, diferentes maneiras de simbolizar a tomada de posse sobre um dado território ou a pertença a uma dada divisão territorial.

Mas, assim como o leão procura expulsar de seu território todo e qualquer intruso, qualquer macho que tente disputar com ele o acesso às fêmeas do grupo ou à caça que foi aprisionada, os grupos humanos, e neles, principalmente os machos, os homens, se tornaram guerreiros para defenderem seu território de qualquer invasão. Esta hostilidade defensiva logo se constituiu em um passo para a hostilidade agressiva, um treinamento para, em seguida, realizar a tentativa de invadir e controlar o território dos grupos mais fracos ou pouco habilidosos nas artes da guerra. Estes ataques e conquistas são justificados, muitas vezes, através da atribuição de alguma qualidade negativa ao grupo rival ou simplesmente considerando este um perigo do qual tem o direito de se defender previamente. Qualquer semelhança com as justificativas dadas pelo governo americano para a recente invasão do Iraque não será mera coincidência. Alguns grupos humanos se tornaram verdadeiras máquinas de guerra, como denominou o filósofo francês Gilles Deleuze, vivendo dos combates, dos saques e butins que as guerras proporcionavam.

Por ser um animal territorial, o homem buscou, em cada momento histórico, levando em conta as especificidades de cada sociedade ou cultura em que viveu, traçar fronteiras em relação a outros animais ou em relação a outros grupos humanos, inclusive em relação aos mortos e aos deuses ou espíritos que também possuíam suas moradas ou seus territórios. A relação do homem com a terra é marcada, portanto, pelo apossamento, mesmo que passageiro, pelo domínio, mesmo que fugaz, e pelo sentido, mesmo que provisório. Quando se apossa ou domina qualquer parte da terra, o homem atribui imediatamente a ela um sentido, um significado que é cultural, que é tramado através de símbolos e de alguma forma de linguagem. Como diz Michel de Certeau, intelectual francês do século passado, nomear é uma das primeiras formas que o homem desenvolveu de demarcar e tomar posse de um território, de dominá-lo, de colonizá-lo. Nomear é dar sentido, é também demarcar diferenças em relação aos territórios vizinhos, é estabelecer fronteiras. Ao chegar às costas brasileiras, uma das primeiras preocupações dos portugueses foi dar um nome para a terra recém-encontrada. Embora o nome cristão e católico que escolheram, Terra da Santa Cruz, não tenha conseguido se sobrepor ao nome vulgar, o de terra do brasil, do pau-brasil, madeira que foi a base da primeira atividade econômica de exploração colonial deste território, a colonização, a dominação, a posse portuguesa se inicia por este ato de nomeação (Certeau, 2002, p. 12).

Portanto, tratar da história da relação que os grupos humanos mantiveram ao longo da história com a terra, com seus territórios, fazer a história da apropriação humana da natureza, dos espaços, é tratar da história de relações como as de posse e propriedade, é tratar de relações de poder, de domínio, de mando, de soberania. Mas é tratar também de como se estabelecem marcos e fronteiras, de como se simboliza a separação espacial, de como se nomeia o território próprio e o território do outro, como se denomina o próprio grupo e o grupo vizinho, é tratar da história das lutas e das guerras, que foram movidas e continuam sendo, ainda hoje, alimentadas pelo desejo de domínio territorial, pela busca de controle sobre determinados recursos naturais, como o petróleo ou a água, pela vontade de poder e de hegemonia de dados grupos humanos sobre outros, alguns que se consideram inclusive superiores aos outros, como os que se nomeiam de ocidentais em relação aos por estes nomeados de orientais.

Os grupos humanos, na maioria dos casos, buscaram definir suas identidades a partir do estabelecimento de diferenças em relação aos grupos mais próximos e, quase sempre, aos grupos inimigos, por disputarem o mesmo espaço, os mesmos recursos naturais, inclusive, por ameaçarem o domínio sobre o território do outro ou mesmo sobre as mulheres de seus vizinhos. As identidades dos grupos humanos, a sensação de pertencimento a um grupo se dá, em grande medida, através da emulação, da disputa e competição com um outro, que aparece como o estranho, o estrangeiro, a ameaça, o perigo, o inimigo. François Hartog, historiador francês, nos fala de como, mesmo divididos em várias cidades, os gregos passaram a se considerar um só povo por se contrastarem com o que chamaram de bárbaros. A identidade grega passa a ser inseparável deste antagonista que é o bárbaro, que pode adquirir vários rostos, mas que se mantém como aquele que ao se definir por não ser grego define também o que é ser grego. O bárbaro, palavra que continuará a ser usada pelos romanos, era todo aquele homem que não só não habitava nas cidades gregas, como será todo aquele que não partilhava a cultura grega, ou seja, a forma de governar ou de se organizar politicamente, a língua, as formas de vestir e de se comportar, os rituais, a crença nos mesmos deuses etc. Embora fossem diferentes entre si e até rivais, como ficará patente com a Guerra do Peloponeso, os gregos se viam como iguais e pertencentes ao mesmo povo, quando se contrapunham aos bárbaros. Eram estes, portanto, que garantiam a percepção da unidade e da identidade grega (Hartog, 2004, p. 94-95).

O que ocorrerá, com frequência, na história humana, é que este grupo estranho, estrangeiro, diferente, como os bárbaros, não precisará ser descrito ou conhecido com precisão; bastará para ele uma breve descrição, uma assertiva ou um conjunto de afirmações que o definirá previamente e definitivamente, antes que qualquer contato em busca do conhecimento se faça; e o que é mais problemático, é que nenhum contato conseguirá, muitas vezes, desfazer ou questionar a definição previamente dada. É a estas definições prévias, definições ou descrições que não advêm do conhecimento do outro, mas que nascem da hostilidade, da distância ou do desconhecimento do outro, que chamamos de preconceito. O preconceito, como a própria palavra deixa entrever, é um conceito prévio, um conceito sobre algo ou alguém que se estabelece antes que qualquer relação de conhecimento ou de análise se estabeleça. É um conceito apressado, uma opinião, uma descrição, uma explicação, uma caracterização, que vem antes de qualquer esforço verdadeiro no sentido de se entender o outro, o diferente, o estrangeiro, o estranho, em sua diferença e alteridade. O preconceito quase sempre fala mais de quem o emite do que daquele contra o qual é assacado, pois o preconceito fala dos conceitos da sociedade ou do grupo humano que o utiliza. O grego atribuía ao bárbaro tudo aquilo que em sua cultura era considerado negativo ou atrasado. Ao descrever um bárbaro, um autor grego descrevia mais o que os gregos julgavam ser os aspectos negativos das sociedades humanas do que propriamente como o grupo chamado de bárbaro era.

 O preconceito quanto à origem geográfica é justamente aquele que marca alguém pelo simples fato deste pertencer ou advir de um território, de um espaço, de um lugar, de uma vila, de uma cidade, de uma província, de um estado, de uma região, de uma nação, de um país, de um continente considerado por outro ou outra, quase sempre mais poderoso ou poderosa, como sendo inferior, rústico, bárbaro, selvagem, atrasado, subdesenvolvido, menor, menos civilizado, inóspito, habitado por um povo cruel, feio, ignorante, racialmente ou culturalmente inferior. Estes preconceitos quase sempre estão ligados e representam desníveis e disputas de poder e nascem de diferenças e competições no campo econômico, no campo político, no campo cultural, no campo militar, no campo religioso e nos campos dos costumes e das ideias. O preconceito que sofrem os israelenses hoje é em grande medida uma continuidade do preconceito contra os judeus, que tinha motivos religiosos, mas que a eles se agregam questões econômicas, políticas e militares. O preconceito que sofrem os árabes tem motivações econômicas, políticas, religiosas, militares e culturais. Por motivos políticos, econômicos e também culturais, argentinos e brasileiros partilham visões preconceituosas e negativas sobre seu país vizinho.

Friedrich Nietzsche, filósofo alemão do século XIX, já chamava a atenção para o fato de que as denominações de muitos povos advêm de nomes injuriosos, depreciativos, dados por seus vizinhos, aqueles com os quais disputavam territórios, alimentos, fontes de água etc. Para demarcar a diferença, estabelecer a fronteira entre um grupo e outro, se recorria a nomes que marcavam negativamente o inimigo. Assim, por exemplo, os tártaros, que significa "os cachorros", receberam este nome de seus vizinhos e inimigos chineses. Os alemães [*Deutschen*], que significa originalmente "pagãos", receberam este nome dos godos, após estes se converterem ao cristianismo (Nietzsche, 2001, p. 158). A palavra bávaro, que descreve os moradores de uma região da Alemanha, a Bavária, advém da palavra bárbaro, e lhes foi atribuída pelos romanos. Warren Dean, historiador americano, afirma que a maior parte das denominações das tribos indígenas brasileiras que chegaram até nossos dias são nomes pejorativos, dados pelas tribos inimigas, notadamente os tupis, que tiveram maior contato com os brancos e muitas vezes lutaram ao seu lado contra estas tribos que chamavam de tapuias, termo que tinha o mesmo sentido da palavra bárbaro para os gregos, ou seja, um tapuia era um índio que não falava tupi ou não partilhava os mesmos costumes dos tupis e resistia de forma mais resoluta à ocupação de seus territórios pelos colonizadores, e mesmo por seus inimigos tupis, repassando para as crônicas coloniais estes nomes degradantes (Dean, 1996, p. 48). Os tupiniquins, por exemplo, foram assim denominados por seus desafetos tupinambás, uma das primeiras tribos tupis a entrar em contato com os portugueses, no litoral da Bahia, ainda quando do desembarque pioneiro da esquadra comandada por Pedro Álvares Cabral. O interessante é que esta designação continua sendo usada ainda hoje com sentido depreciativo para nomear tudo aquilo que é nacional, que é brasileiro; sempre que nossas elites colonizadas querem dizer da inferioridade de um produto ou de um costume nacional em relação a um estrangeiro, o nomeia de tupiniquim. Da mesma forma que ainda chamamos alguém depreciativamente de beócio, sem sabermos que os beócios eram um povo vizinho dos atenienses a quem estes atribuíam as qualidades de estúpidos, grosseiros, rústicos, ignorantes e sem talento para a cultura do espírito. Somos herdeiros dos gregos, inclusive, em seus preconceitos por origem geográfica (Hartog, 2004, p. 143).

O que encontramos de comum nos casos relatados acima é, além do preconceito, o recurso a uma visão estereotipada do grupo distinto ou estranho. O discurso da estereotipia é um discurso assertivo, imperativo, repetitivo, caricatural. É uma fala arrogante, de quem se considera superior ou está em posição de hegemonia, uma voz segura e autossuficiente que se arroga no direito de dizer o que o outro é em poucas palavras. O estereótipo nasce de uma caracterização grosseira, rápida e indiscriminada do grupo estranho; este é dito em poucas palavras, é reduzido a poucas qualidades que são ditas como sendo essenciais. O estereótipo é uma espécie de esboço rápido e negativo do que é o outro. Uma fala redutiva e reducionista, em que as diferenças e multiplicidades presentes no outro são apagadas em nome da fabricação de uma unidade superficial, de uma semelhança sem profundidade. O estereótipo pretende dizer a verdade do outro em poucas linhas e desenhar seu perfil em poucos traços, retirando dele qualquer complexidade, qualquer dissonância, qualquer contradição. O estereótipo lê o outro sempre de uma única maneira, de uma forma simplificadora e acrítica, levando a uma imagem e uma verdade do outro que não é passível de discussão ou problematização. O estereótipo constitui e institui uma forma de ver e dizer o outro que dá origem justamente a práticas que o confirmam ou que o veiculam, tornando-o realidade, à medida que é incorporado, subjetivado. O cabeça-chata é uma forma estereotipada de dizer o que é o nordestino, reduzindo-o a seu corpo e este à sua cabeça e generalizando um dado formato de crânio, que é encontrado em algumas populações que vivem na região, para todo e qualquer habitante deste espaço. Da mesma forma que dizemos que todo judeu tem nariz adunco ou pensamos que todo alemão tem os pés grandes ou são altos.

Vivemos em um momento histórico caracterizado pelo que se convencionou chamar de globalização. Época em que todas as fronteiras traçadas anteriormente estariam perdendo o significado, e o mundo estaria tornando-se um só, com o encurtamento de todas as distâncias proporcionadas pela modernização dos meios de transportes, pelos avanços dos meios de comunicação, permitindo o contato mais estreito entre todos os povos. Época em que, como em nenhuma antes, as pessoas pertencentes a diferentes lugares e a diferentes culturas podem circular, se aproximar e se conhecer. Os processos migratórios e imigratórios nunca foram tão intensos como hoje. As informações disponíveis sobre outros povos e lugares nunca foram tão abundantes. A circulação de formas e matérias de expressão culturais, de origens diferenciadas, nunca foi tão intensa. Isto estaria pondo fim aos preconceitos relacionados à origem geográfica das pessoas? Nos parece que não. Pelo contrário, o que assistimos é, muitas vezes, o recrudescimento destes preconceitos, motivado justamente pelo contato mais próximo, pela convivência, muitas vezes indesejada e conflituosa, de uma cada vez maior diversidade de grupos humanos em um mesmo lugar. Os processos migratórios e imigratórios, que já no passado ocasionaram tensões, conflitos e proporcionaram a emergência de preconceitos e visões pejorativos sobre dados grupos humanos e sobre os lugares de onde provinham, parecem ser, hoje, um dos principais motivos da emergência de visões preconceituosas e até mesmo racistas em relação a algumas populações. A visão negativa sobre os africanos, já presente na Europa colonial, volta a se acentuar à medida que um grande número de imigrantes vindos dos países saarianos e subsaarianos entram, em sua maioria de maneira ilegal, nos países da Europa. Os latino-americanos, ou chicanos como são conhecidos, sofrem cada vez maiores restrições para entrarem nos Estados Unidos e aí são vítimas de muitas formas de discriminação. A visão sobre os árabes nos países do Ocidente é cada vez mais preconceituosa, sendo todos associados indiscriminadamente ao fanatismo religioso e ao terrorismo.

Fazer a história da construção destes estereótipos, que deram origem a muitos dos preconceitos que dividiram e dividem hoje os humanos, torna-se uma tarefa importante se quisermos que as novas gerações escapem das armadilhas que estes significam. A história da construção destes preconceitos e dos espaços que estigmatizam nos ajudará a nos afastarmos destas visões acríticas que nos são repassadas no dia a dia, pelo senso comum ou mesmo pelos meios de comunicação de massa. É importante que na formação escolar de nossas crianças esteja presente a problematização de nossos preconceitos, que estes sejam substituídos por conceitos, que nasçam, por sua vez, do estudo, da análise, do conhecimento sobre o percurso que os homens descreveram no tempo e das hostilidades, conflitos, lutas, interesses, diferenças que os separaram nesta trajetória, que levaram à emergência dos epítetos negativos com que somos nomeados ou com que nomeamos nossos vizinhos. Este livro quer contribuir para que nesta época em que parecemos mais próximos, possamos compreender e aceitar as diferenças que nos separam, entendendo-as como produto de percursos distintos que os grupos humanos fizeram na história.

Capítulo 1

A construção das fronteiras: uma revisão bibliográfica

Para entendermos como surgiram, historicamente, os preconceitos em relação à origem geográfica dos indivíduos e os estereótipos que marcam povos, regiões ou nações, é preciso que façamos a história do estabelecimento das divisões territoriais, das fronteiras que separaram, separam e dão identidade aos diferentes grupos humanos que habitam, hoje, a terra. História dinâmica, pois só no século XX, inúmeros foram os rearranjos, as mudanças, as remarcações que sofreram as fronteiras nacionais. Continentes como a Europa, a África e a Ásia viram, ao longo do século passado, constantes mudanças em suas divisões territoriais, de denominação de países e de suas capitais, motivadas pelas duas grandes guerras mundiais, pelo processo de descolonização que levou ao surgimento de muitos países africanos e asiáticos e pelos confrontos gerados pela guerra fria e a divisão de países ou antigas colônias europeias em dois Estados, com regimes econômicos e políticos distintos, como foram os casos da Coreia, do Vietnã e da Alemanha, divididos pelo choque entre socialismo e capitalismo. Só com a criação do Estado de Israel, em 1948, e com as guerras árabe-israelenses que se seguiram, todo um rearranjo territorial e de fronteiras foi realizado no Oriente Médio. Na década de 1980, com o fim do socialismo em muitos países do leste europeu, notadamente na União Soviética, um grande número de novos países surgiram e antigas rivalidades nacionais e étnicas explodiram em conflitos genocidas, como os que antepuseram as etnias e povos que compunham a antiga Iugoslávia: sérvios, croatas, bósnios, montenegrinos, macedônicos, eslovenos, herzegovinos. Em vários países africanos, a construção do Estado Nacional pós-independência colocou em conflito diferentes etnias e grupos rivais, como no regime de *apartheid* da África do Sul, nas guerras civis de Angola, Sudão, Serra Leoa, Mali, Ruanda, dando origem a verdadeiros genocídios.

Estes conflitos, somados a outras tensões que dividem os vários países, nações e povos na contemporaneidade têm colocado o tema das relações internacionais e da história da produção das identidades espaciais no centro da produção intelectual, acadêmica e, mais particularmente, feito emergir um conjunto de obras no campo da história, uma historiografia, voltada para tratar da emergência destas divisões territoriais e abordar a invenção histórica destas fronteiras e destas identidades, sejam nacionais, sejam regionais, sejam locais. Um grupo de autores se volta para o passado na tentativa de entender como se configurou, ao longo do tempo, as fronteiras que estão estabelecidas hoje e que lutas e enfrentamentos econômicos, políticos ou culturais gestaram estas distinções e estas separações que nos identificam atualmente. Ao contrário do que normalmente pensam os estudantes de primeiro ou segundo graus, a história e os historiadores não se interessam apenas pelo que é velho, pelo que passou e por nada que tenha a ver com nossos dias, com nossas vidas. Quando o historiador vai ao passado é para entender o nosso próprio tempo. Estudamos e produzimos história para entender o presente e não apenas o passado. Porque os professores de história e historiadores sabemos que o passado não está lá atrás, fechado em si mesmo, acabado. O passado continua convivendo com o presente; muito do que somos, fazemos, pensamos, gostamos, odiamos, nos vem do passado, nos chega através das gerações anteriores. Como veremos neste livro, muitos dos nossos preconceitos, muitas das nossas formas de caracterizar os outros, de ver os habitantes de dados lugares e países, foram pensados e produzidos em outro momento, em outro contexto histórico, motivados por situações diferentes das de hoje, mas que, no entanto, continuam se repetindo em opiniões, imagens e estereótipos, que não sabemos direito de onde vêm e, o pior, muitas vezes achando que aquilo que dizemos é uma realidade incontestável, naturalizando assim o que não é natural. É para isto que estudamos história: para que percamos a inocência em relação às coisas que nos cercam; para passarmos a perceber que todo e qualquer aspecto de nossa sociedade e de nossa cultura tem um passado que o produziu, que se explica por um processo que o antecedeu. Nada é assim porque tem que ser ou porque é assim mesmo, mas foi produzido pelos próprios homens, em algum momento, e segundo determinados interesses e em meio a determinadas disputas, lutas, conflitos. E é isso que a história nos ajuda a ver. A história nos retira a inocência diante daqueles eventos que nos cercam, prepara a nossa subjetividade para ter uma visão crítica diante das coisas que nos dizem como sendo verdades incontestáveis.

Um primeiro conjunto de obras que nos interessam, ao discutirmos o tema do preconceito quanto à origem geográfica, são aquelas que tratam da emergência das nações modernas e do nacionalismo como discurso e prática que, paulatinamente, irão acompanhá-las. As nações ou Estados Nacionais, como conhecemos hoje, nem sempre existiram. Elas são uma criação relativamente recente e realizada apenas na Europa, num primeiro momento. O próprio conceito de nação foi profundamente alterado, passando de uma palavra que nomeava qualquer conjunto de pessoas que partilhavam costumes, crenças, hábitos e modos de viver como, por exemplo, a nação judaica, para designar um conjunto de pessoas que vivem sob o mesmo governo, que obedecem a um mesmo Estado, que pertencem a um mesmo território sob a soberania de um dado regime político. Este fenômeno, o surgimento dos Estados Nacionais, vai se dar lentamente a partir do século XI, sendo Portugal considerado um dos primeiros Estados modernos a se constituir, ainda no século XIV. Somente com o fim da descentralização do poder político que vigorara durante a Idade Média é que vai surgir este fenômeno que marcará uma nova etapa na forma dos homens se organizarem politicamente e estabelecerá o ponto de partida para novas formas de rivalidades e disputas entre os grupos humanos. As antigas nações, que eram definidas usando critérios tão díspares como o uso da mesma língua, o pertencimento a uma mesma etnia, o uso de um território comum, uma história partilhada ou traços culturais idênticos, passam agora a ser definidas fundamentalmente a partir de um critério político, ou seja, para ser nação passa a ser necessário ter uma organização política, um Estado próprio. Para cada nação um Estado, este tornou-se o que se convencionou chamar de princípio das nacionalidades. Este novo sentido da palavra nação só vai se firmar por volta do século XVIII, com a crise do absolutismo e a emergência das teorias liberais em torno do Estado. É esta definição que aparece, ainda hoje, na *Enciclopédia Brasileira Mérito* que define nação como sendo "a comunidade de cidadãos de um Estado, vivendo sob o mesmo regime ou governo e tendo uma comunhão de interesses comuns, subordinados a um poder central que se encarrega de manter a unidade do grupo" (Hobsbawm, 1990, p. 27-28).

A relação entre nações e nacionalismo vai se dar de forma mais tardia ainda, sendo em grande medida uma consequência da Revolução Francesa ou das revoluções burguesas que puseram fim ao Antigo Regime e do pensamento liberal, que irá considerar como fundamental para a existência de uma nação, além do Estado, a existência de um vínculo subjetivo, afetivo, entre o cidadão e seu país, entre o cidadão e sua nação. O discurso nacionalista vai considerar que as nações não são apenas o Estado e seu território, mas fundamentalmente dependem para existir de seu povo, que deve amá-las e estar disposto a defendê-las e por elas se sacrificar, seja no trabalho, seja no campo de batalha. As nações, para os nacionalistas, não nasciam já definidas. Elas eram uma construção política e cultural, que se dava através da educação e do inculcamento do amor à pátria e do sentimento cívico, que se daria nas várias instituições sociais responsáveis pela criação e manutenção das nacionalidades: a família, a escola, a Igreja, o Estado etc. Este discurso nacionalista tendeu a se exacerbar, ao longo do século XIX, à medida que as disputas entre os Estados Nacionais europeus por áreas coloniais na África e na Ásia se acentuaram, no período conhecido como era do imperialismo. A independência das treze colônias norte-americanas, no fim do século XVIII, e das colônias da América Latina, no século XIX, foi feita sob a bandeira do discurso nacionalista. No século XX, o nacionalismo foi uma das variáveis fundamentais nos acontecimentos que levaram às duas guerras mundiais e esteve presente também em acontecimentos como a descolonização africana e asiática. As chamadas revoluções socialistas — apoiadas no pensamento marxista (de Karl Marx, filósofo alemão do século XIX), que propunha a união internacional de todos os trabalhadores para enfrentarem os patrões e a sociedade capitalista, sendo, por isso, identificada como uma proposta política internacionalista, já que não levava em conta as divisões nacionais em suas atividades revolucionárias — terminam por se realizar como revoluções nacionais, revoluções que visavam fundar o socialismo em um só país, e, portanto, se tornam veiculadoras e promotoras de discursos nacionalistas, muitos deles se apresentando como versões nacionais do pensamento marxista como o maoismo (de Mao Tse-tung) na China ou o castrismo (de Fidel Castro) em Cuba. Muitos dos preconceitos quanto à origem geográfica advieram do discurso nacionalista ou foram uma forma de veicular o discurso da nacionalidade. Podemos considerar que a animosidade existente entre brasileiros e argentinos ou entre mexicanos e norte-americanos tem como um de seus componentes principais a questão nacional. A ideia de nação, à medida que generaliza as pretensas características que teria um dado povo, é um alimento constante também para a construção de generalizações preconceituosas a respeito deste mesmo povo. Se o discurso nacionalista brasileiro nos faz crer que somos todos alegres e hospitaleiros, o que é uma generalização inadmissível, pois conhecemos centenas de brasileiros que não possuem estas características, isto é um passo para que os argentinos nos caracterizem a todos como sendo "macaquitos", por sermos todos pretensamente negros e gostarmos de imitar os outros, ou talvez por fazermos muita micagem, o que não deixa de ser uma outra versão, com o sinal trocado, para nossa pretensa alegria inata, defendida pelo nosso discurso nacionalista.

Para o estudo do fenômeno das nações e dos nacionalismos podemos contar com algumas obras clássicas como as de Eric Hobsbawm, *Nações e nacionalismo desde 1780*, que trata do surgimento das nações modernas e do que chama de ideologia nacionalista. Ele considera que a ideia de nação mistura mito e realidade, já que não existe discurso nacional sem a consequente criação de uma mitologia, fundamental para sua reprodução. Na mesma direção segue a obra de Benedict Anderson, *Comunidades imaginadas*, que vai procurar mostrar como as nações são as substitutas imaginárias das antigas comunidades locais que foram destruídas pelo avanço das relações capitalistas, as nações vêm substituir as antigas solidariedades locais e as anteriores formas de pertencimento, de organização do território, de distribuição das fronteiras, de organização social, econômica e política, processo que depende, além de ações centralizadoras e muitas vezes violentas por parte do Estado Nacional em formação, de atitudes que busquem o convencimento da população, lançando mão de uma série de práticas, rituais e discursos que visam o estabelecimento de um novo imaginário político centrado em torno do ideário nacional. A relação entre nação e nacionalismo e nação e Estado, as novas variáveis que vão ser introduzidas pela questão nacional moderna são tratadas pelas obras de J. Armstrong, *Nações entre nacionalismos;* de J. Breuilly, *Nacionalismo e Estado*; de Montserrat Guibernau, Mauro Gama e Cláudia Martinelli Gama, *Nacionalismos*, e de Ernest Gellner, *Nações e nacionalismos*. A. D. Smith trata das várias teorias políticas que procuraram embasar o discurso nacionalista em seus livros *Teorias do nacionalismo* e *nacionalismo: teoria, ideologia e história*. Mais recentemente publicou outra obra em que reflete sobre as questões da nação e do nacionalismo em nosso tempo, *Nação, nacionalismo na era da globalização*. C. Tilly, Guy Hermet, Hagen Schulze e Andrés de Blas Guerrero organizaram e escreveram livros fundamentais para quem quer conhecer o processo de formação de cada Estado Nacional europeu: *A formação dos Estados Nacionais na Europa do Oeste; História das Nações e do Nacionalismo na Europa; Nacionalismo, Estado e Nação na História da Europa* e *Nações na Europa*, respectivamente. Outros livros tratam de aspectos que estão relacionados à construção da ideia de nação como a questão da língua nacional, da etnicidade, da invenção de tradições, da territorialidade, da violência, da guerra, como as obras de J. Fishman (org.), *Os problemas da linguagem no desenvolvimento dos países*; de Eric Hobsbawm e Terence Ranger, *A invenção das tradições*; de Joan Nogue, *Nacionalismo e território*; de Anthony Giddens, *Estado, nação e violência*; de Raymond Aron, *Paz e guerra entre as nações*, e de Miroslav Hroch, *As pré-condições sociais para a ressurgência nacional na Europa*.

    Sobre a construção dos Estados Nacionais e as questões da nação e do nacionalismo na América, e mais particularmente no Brasil, podemos citar as obras de George de Cerqueira Leite Zarur, *Região e nação na América Latina*; de Leon Pomer, *O surgimento das nações*; de Maria Lígia Prado, *A formação das nações latino-americanas*; de Mary A. Junqueira, *Estados Unidos — a consolidação da nação*; de Bernardo Ricupero, *Romantismo e a ideia de nação no Brasil*; de Ruth Maria Chittó Gauer, *A construção do Estado-nação no Brasil*; e de Istvan Jancso, *Brasil: formação do Estado e da nação*. Temos, ainda, uma produção nacional que reflete não só sobre a questão da construção da nacionalidade em nosso país, bem como sobre esta questão em nível mundial, inclusive tratando do que se considera ser hoje a crise da ideia de nação, trazida pelo processo de globalização econômica, política e cultural que se expressa na formação de grandes blocos de nações, como a Comunidade Econômica Europeia, o Nafta e o Mercosul, que estaria reduzindo a importância, não só econômica, mas inclusive política dos Estados Nacionais e, tendo como consequência imediata, a mudança na forma de se relacionar destes povos ou incidência sobre a forma como se viam ou como descreviam uns aos outros. A formação destes blocos de nações, favorecendo não somente a circulação de mercadorias, mas de pessoas, poderia ter como consequência a alteração nos preconceitos por origem geográfica que por acaso existissem entre estes povos, podendo reduzi-los ou reforçá-los, como é o que parece estar acontecendo em relação aos mexicanos nos Estados Unidos. A criação do Nafta e a consequente instalação de muitas empresas americanas no México fizeram com que os trabalhadores americanos olhassem com maior hostilidade a concorrência pelo mercado de trabalho exercida pelos trabalhadores daquele país, o que repercutiu na própria forma como os mexicanos residentes nos Estados Unidos são vistos. Podemos destacar as obras de Flávia Almeida Martins de Oliveira, *Globalização, regionalização e nacionalismo*; de Lúcio Flávio de Almeida, *Ideologia nacional e nacionalismo*; de João Paulo Pimenta, *Estado e Nação no fim dos impérios*; de Adauto Novaes, *A crise do Estado-nação*; de Marly Silva da Motta, *A nação faz 100 anos*; e de André Roberto Martins, *Fronteiras e nações*.

A chamada nova história cultural tem dado, desde os anos 1980, uma importante contribuição no sentido de entendermos como certas maneiras de ver e dizer os lugares, as regiões e as nações foram construídas historicamente e como estas estão na base de um imaginário ou de um conjunto de percepções que temos em relação a dadas partes do mundo ou às pessoas que as habitam, gerando, muitas vezes, maneiras estereotipadas e preconceituosas de considerá-las. Esta produção historiográfica parte do pressuposto de que os espaços são construções humanas, os recortes espaciais são feitos e significados pelos homens e estes são produto não apenas das diferentes formas de os homens se organizarem econômica e politicamente, são resultado não apenas das relações econômicas e de poder que dividem os homens e com eles os territórios, os lugares, os espaços, mas também são fruto da imaginação humana, estão impregnados de seus valores, costumes, formas de ver e dizer o mundo, as coisas e as pessoas. Por isso, muitas destas obras utilizam, inclusive em seus títulos, a palavra invenção, para dar a ideia, se não reforçá-la, de que aquele recorte espacial, aquela identidade, aquele nome que designa um dado local do planeta, não é natural, foi produto das ações humanas, foi resultado de um conjunto de eventos históricos. Ou seja, ao dizer, por exemplo, que a América foi inventada, o historiador mexicano Edmund O'Gorman não apenas está dizendo que a América, que este continente com este nome nem sempre existiu, como vai nos contar que ações humanas, e em que época, deram origem a este recorte espacial chamado América. Em seu livro *A invenção da América*, O'Gorman vai refletir sobre como os europeus, a partir da chegada a estas terras, no século XV, vão não apenas nomeá-las de América, em homenagem ao navegador italiano Américo Vespúcio, mas vão agregar a este nome uma série de imagens e de textos que procurarão dizer o que ela é, formando em torno dela conceitos e preconceitos, com os quais ainda podemos conviver, muitas vezes, sem sabê-lo. Foram os europeus que disseram o que é a América, que a nomearam, a descreveram e a escreveram. Aos que habitavam aqui, aos indígenas, pouca coisa foi perguntada e pouca coisa puderam dizer, até porque não possuíam estas ideias de continente ou de nação em suas culturas.

Na mesma direção aponta o livro do professor norte-americano Stephen Greenblatt, *Possessões maravilhosas*, que a partir da rica literatura de viagem produzida pelos europeus durante a chamada era dos descobrimentos, mostra como estes não apenas colonizaram terras e povos, mas também colonizaram e talvez colonizem ainda nosso imaginário, principalmente no tocante à maneira de enxergarmos e de nos referirmos a certas partes do mundo e a seus habitantes. Ao relatarem suas viagens por terras e mares distantes, ao falarem sobre os povos que aí encontravam, sobre seus costumes considerados exóticos, estranhos, incompreensíveis, bárbaros, os europeus colocaram para funcionar não só sua máquina de guerra ou de conquista econômica, mas sua máquina de produção de imagens e de símbolos, de conceitos e de preconceitos, produzindo o relato não apenas em chave realista daquilo que viam, mas dando asas à imaginação, relatando também o que consideravam o maravilhoso, aquilo que deslumbrava, que causava um impacto emocional, visual, sensual nunca experimentado. Ao chegarem em muitos lugares, os europeus procuraram e encontraram, e encontraram porque procuraram, muitos dos seres e lugares lendários e mitológicos que habitavam suas culturas, suas lendas e relatos orais ou escritos. Desde os mitos herdados das civilizações grega e romana, das várias culturas locais até aqueles nascidos das páginas da Bíblia e do universo cristão vão aparecer encarnados em povos, seres, coisas e lugares das novas possessões europeias. Obras como esta, tanto quanto outras como a do historiador francês Serge Gruzinski, *A colonização do imaginário* e o clássico da historiografia brasileira escrito por Sérgio Buarque de Hollanda, *Visão do paraíso*, podem nos ajudar a compreender que muitas das coisas que pensamos, a maneira como imaginamos, vemos e dizemos certos povos e nações foram produto de todo um processo histórico marcado pela colonização, pela produção de sentido para o outro a partir de uma metrópole hegemônica, não apenas econômica e politicamente falando, mas inclusive que detinha o monopólio sobre a escrita e sobre o poder de produzir sentido, de escrever e falar sobre o outro. Muitos dos nossos conceitos e preconceitos foram produzidos pelos colonizadores europeus, por isso é importante revisá-los e criticá-los. E o primeiro passo é saber como e por que foram produzidos.

    O historiador inglês, Peter Burke, fala da variedade de trabalhos produzidos a partir da ideia de invenção das nações, lembrando que existem trabalhos hoje que tratam da construção histórica da identidade de nações tão díspares como a Argentina, a Etiópia, a França, a Escócia, a Espanha, a Irlanda, Israel e o Japão (*O que é história cultural*, p. 106). Podemos citar os livros de Lúcia Helena, *Nação-invenção*; de Márcia Regina Berbel, *A nação como artefato* e de Patrick Geary, *O mito das nações*, como exemplos de livros que tratam da temática das nações, tomando-as como construções históricas e simbólicas, como produto cultural, além de político.

Também a construção histórica de dadas regiões do globo ou de determinadas regiões dentro de cada país tem sido objeto desta mesma forma de pensar e escrever a história cultural dos espaços. Burke se refere a trabalhos escritos sobre a invenção da África, dos Bálcãs, da Europa Oriental e da Escandinávia. A chamada questão dos nacionalismos na Espanha, notadamente os nacionalismos vasco, catalão e galego têm dado origem a uma série de trabalhos sobre a formação histórica destas regiões, a emergência de seus movimentos nacionalistas e a construção destas identidades regionais e o problema de suas inserções dentro do Estado espanhol. Sabemos que estas questões regionais, na Espanha, geraram muitas tensões e violência com o surgimento, nos anos 1950, de organizações terroristas tanto na Catalunha como no País Basco. Embora as organizações terroristas catalãs tenham sido desmobilizadas nos anos 1980, o grupo separatista basco ETA continua até hoje em atividade, cometendo atentados em nome da independência desta região em relação à Espanha. Sobre este tema podemos citar as obras de Jordi Sole Tura, *Nacionalidades y nacionalismos en España*; de John Sullivan, *El nacionalismo vasco radical*; de José Luís de la Granja Sainz, *El nacionalismo vasco;* de José Diaz Herrera, *Los mitos del nacionalismo vasco* e de Albert Barcells, *Breve historia del nacionalismo catalán*. A exemplo do que ocorre na Espanha, as chamadas questões regionais são uma consequência, quase sempre, do próprio processo de constituição dos chamados Estados Nacionais. A constituição de um Estado centralizado e centralizador quase sempre requer a repressão e combate a qualquer forma de regionalismo ou de qualquer resistência local ou regional a fazer parte desta nova realidade que se estabelece. A emergência de movimentos regionalistas, quer seja de cunho político, quer seja de cunho cultural, surge como uma reação, normalmente das elites locais ou de dada região, que não querem se submeter ao Estado Nacional que está surgindo. No caso da Europa, a constituição dos Estados Nacionais veio a se sobrepor a uma realidade política anteriormente existente, marcada pela descentralização do poder político, com os territórios e as populações estando distribuídas e governadas por condados, ducados, baronatos, principados, reinos, que foram sendo conquistados, quase sempre militarmente, sendo submetidos a partir de algum tipo de acordo diplomático ou anexados a partir do estabelecimento de vínculos familiares, através de casamentos, por exemplo, entre as várias dinastias reinantes. Este processo, muitas vezes marcado pela violência, deixará marcas que se expressarão através dos discursos e das práticas separatistas e regionalistas e no preconceito mútuo com que essas populações, seja a submetida, seja a vencedora, se enxergarão. A rivalidade e o preconceito acompanham, ainda hoje, as relações entre o que foi o condado de Barcelona, e hoje é a cidade de Barcelona e a região da Catalunha e o que foi o reino de Castela e o que hoje é a região de Castela, a Velha, e de Madri, a capital espanhola.

Na França, este processo não foi diferente. A construção de um dos mais poderosos Estados absolutistas da Europa foi feita através da repressão às autonomias regionais, como as da Borgonha ou da Córsega, por exemplo, da proibição do uso das formas de falar regionais e a obrigatoriedade do uso do que se chamou de francês, que nada mais era do que uma forma de falar regional, a da região em torno da capital Paris, que foi generalizada para todo o território, usando tanto a educação como a violência. Isto não impediu e sim produziu a existência de vários movimentos regionalistas na França, desde o século XVIII. A questão regional naquele país permaneceu tão candente que sua principal escola de historiadores, no século XX, a chamada Escola dos Annales, surgida em 1929 em torno das figuras de Lucien Febvre e Marc Bloch, dedicou grande parte de seus trabalhos a fazer a história das várias regiões da França. Estes historiadores já eram herdeiros dos geógrafos franceses, notadamente daqueles inspirados por Vidal de la Blache, que também tomaram a região como sendo o objeto privilegiado da análise da geografia, procurando definir, inclusive, o que seria uma região, mas de uma forma distinta do que haviam feito os estudiosos das regiões nos séculos anteriores, que procuravam pensar e definir o que seria uma região natural, ou seja, aquelas porções do espaço nacional que possuiriam características naturais semelhantes. No entanto, os critérios para a definição do que seria uma região variava bastante, pois poderia tomar-se como parâmetro desde as formas do relevo (a região das montanhas ou das planícies), ou o pertencimento a uma bacia hidrográfica (a região do Garona ou do Loire), ou o tipo de clima predominante (a região temperada ou subtemperada), ou o tipo de vegetação (a região das pradarias ou das matas), ou mesmo o conjunto de todos estes elementos, o que gerava uma enorme dificuldade de encontrar uma divisão convincente, com muitas regiões se sobrepondo em cada classificação que era feita. A geografia humana vidaliana, que inspirará os historiadores dos Annales, usa também critérios distintos para definir uma região, mas o faz tomando como elemento nuclear não mais a natureza, mas as relações dos homens com o seu meio e as transformações que estes foram capazes de fazer nas paisagens. As regiões agora passam a ser definidas por sua história, daí o encontro destes geógrafos com os historiadores. As regiões da França seriam produto de sua história, mas os aspectos históricos privilegiados, na hora da definição do que particularizava cada região, continuava variando, pois poderia ser a história da ocupação humana, da demografia daquele espaço, onde as várias ocupações, migrações ou conquistas de povos diferentes eram tomadas como indicadores da formação de uma população particular, que tornava também singular aquela região; mas poderia ser a história das atividades econômicas que foram ali desenvolvidas, podendo se diferenciar regiões agrícolas, por exemplo, de regiões pastoris, ou regiões vinícolas, de regiões cerealistas; ou se poderia tomar o critério da história política, das formas de governo e de organização política que haveria predominado em dado espaço, antes que esse tivesse sido integrado ao espaço nacional, ou seja, um antigo principado, um antigo condado poderia continuar constituindo uma região; ou mesmo diferenças nos costumes, nos hábitos, nas formas culturais, nas maneiras de falar poderiam servir para demarcar uma região.

Os historiadores dos *Annales* vão procurar resolver este impasse, que ocorria na hora de se definir um critério para demarcar uma região, tratando em suas monografias regionais ou em suas teses de todos estes aspectos de uma só vez, dando origem ao que se chamou de uma história total. Em sua tese de doutoramento, Lucien Febvre, um dos fundadores desta escola historiográfica, se dedicou a estudar a história de sua própria região de nascimento, a Franche-Comté, tratando de seu processo de integração a um Estado centralizado, no reinado de Felipe II, rei da Espanha, um dos primeiros Estados-Nacionais da Europa, que herdou de seu pai ou conquistou grande parte do território europeu, na época, entre os quais partes do território que seria mais tarde da França. Embora a atenção de seu trabalho esteja voltada para uma história política, já que trata da ascensão do absolutismo e do choque das classes rivais — a nobreza, defendendo seus privilégios e a autonomia da região, e a burguesia, buscando conquistar espaços e apoiando o processo de centralização política — a ideia de nação, que contrariava os interesses da nobreza local, não deixa de traçar, na introdução, uma longa história da produção do espaço regional, buscando definir claramente os seus contornos, lançando mão de todos os elementos que normalmente eram usados separadamente pelos geógrafos. A tese intitulada *Philippe II et la Franche-Comté* será seguida de uma obra de maior fôlego, onde Febvre também mostrará preocupação em entender a história da relação entre os homens e a terra e a formação das fronteiras que servem para identificá-los, mas também para separá-los e gerar entre eles a discórdia, a guerra e o preconceito. Afinal, *La terre et l'evolution humaine* foi publicada em 1922, pouco depois da Europa viver o trauma da Primeira Guerra Mundial, da qual Febvre participou diretamente como sargento do exército, exemplo claro de como as questões em torno da divisão de territórios, como as questões de fronteira, de como as rivalidades e ódios entre diferentes povos, etnias, regiões e nações poderiam levar ao enfrentamento mortal dos homens, a verdadeiros genocídios. Ademais, foi o tiro disparado por um nacionalista sérvio, povo rival e visto com desprezo pela elite austríaca, da qual fazia parte o assassinado arqueduque Francisco Ferdinando, o pretexto para o desatar daquele conflito (Burke, 1991, p. 24).

Também o outro historiador pioneiro desta Escola, Marc Bloch, dedicou a tese à sua região de nascimento, *L'Ille de France*, região da cidade de Paris, que se tornou o centro do Estado Nacional francês. Mas será com a obra clássica do historiador Fernand Braudel, considerado o líder da chamada segunda geração da Escola dos Annales, *O Mediterrâneo e Felipe II*, que também pode ser classificada como um amplo estudo histórico de cunho regional, já que trata dos acontecimentos históricos ocorridos nas áreas sobre a influência deste grande mar interior, que a chamada história regional se consagra como um verdadeiro modelo de como se escrever história. Ao contrário do estudo de Febvre, no qual claramente se inspira, o trabalho de Braudel dá maior ênfase aos aspectos geográficos do que aos aspectos políticos. O império de Felipe II, que abarca quase toda a área mediterrânica, serve como pretexto para que o autor faça uma história de longa duração de todas as aventuras humanas em torno daquele mar. O que lhe interessa, na verdade, é tratar das relações entre o homem e o Mediterrâneo e como este último é, em grande medida, um personagem da história europeia. Esta obra é um exemplo de como os historiadores dos Annales buscam integrar, na análise de uma dada região, todos os elementos que eram tratados isoladamente pelos geógrafos. Na primeira parte do livro, Braudel trata da relação do homem com o ambiente, para depois gradativamente ir introduzindo, ao longo da tese, a história demográfica, a história econômica, a história política e por fim a história dos acontecimentos ocorridos no reinado filipino, onde analisa, sobretudo, sua política externa. Inspiradas neste trabalho de Braudel, várias teses vão ser escritas por historiadores franceses voltadas para a análise da história de uma dada região, como as de Pierre Goubert, *Beauvais et le Beauvaisis*; de Pierre Chaunu, *Séville et l'Atlantique*; de Pierre Vilar, *La catalogne dans l'Espagne moderne*; de Le Roy Ladurie, *Les paysans de Languedoc;* de Alain Corbin, *Archaisme et modernité en Limousin au 19ème siècle*; de Antoine Croix, *La Bretagne aux 16ème et 17ème siècles;* de Pierre Deyon, *Amiens, capitale provinciale*; de Georges Duby, *La société aux 11ème et 12ème siècles dans la région mâconnaise;* de Georges Frèche, *Tolouse et sa région*; de Marcel Garden, *Lyon et les Lyonnais au 18ème siècle*, entre tantas outras.

No Brasil, cujo processo de construção da nação e a consequente emergência de movimentos regionalistas datam do século XIX, assuntos que abordaremos mais detidamente em capítulos posteriores, a produção de uma história regional ou local nasce com a criação dos Institutos Históricos, em cada província ou estado em que se divide o país. Esta historiografia tomava a região ou o recorte político e administrativo das províncias ou dos estados como um fato dado, como uma realidade prévia e inquestionável a qual se buscava dar uma memória, uma história, uma identidade diferenciada das demais. Só muito recentemente, a partir dos anos 1980 do século XX, surgiram obras voltadas para pensar as regiões como construções históricas, que se dão não apenas a partir das questões políticas, das divisões e conflitos políticos entre diferentes parcelas das elites nacionais e consequentemente entre os territórios que estas dominam ou do processo de diferenciação das áreas econômicas do país, mas que também se dão no plano cultural, pensando os regionalismos e as regiões que estes definem, defendem e realizam, como fruto de um embate de ideias, de símbolos, de imagens, de definições e descrições do que seja cada realidade regional e sua população, bem como do que seja a realidade nacional, sem esquecer que esta produção cultural está ligada também a interesses políticos, econômicos e sociais. Estas obras passam a abordar o que seria a invenção de nossas regiões, tentam mostrar como a definição de um espaço regional nasce das disputas no campo político, das diferenças de situação econômica e social dos espaços e populações das várias áreas do país. Elas mostram também que, para que estas disputas e estas diferenças deem origem a uma divisão regional, a uma identidade regional, se faz necessária toda uma produção discursiva, a mobilização de toda uma mitologia, a criação de um dado imaginário, a elaboração de uma dada memória e a escritura de uma dada história que vai tornando esta região visível e crível. Mostram, ainda, e por isso interessam diretamente ao que estamos discutindo neste livro, que não existe região sem que se elabore em torno dela e de seus moradores uma série de conceitos, que podem vir a se tornar, com o passar do tempo, preconceitos, dada a mudança de sentido que estes possam sofrer, ou dependendo do uso que outros discursos regionais façam destes conceitos. Se o discurso regionalista das elites nordestinas, na ânsia de conseguir convencer o governo central a investir recursos nesta área, afirmava ser esta terra um quase deserto por causa da seca, este conceito de deserto pode vir a resultar num preconceito, à medida que as populações de outras áreas do país podem vir a realmente achar que a região nordestina não passa de uma área de terra gretada e imprestável para a agricultura, imprópria para a vida humana; da mesma maneira que este conceito de deserto foi usado por alguns representantes dos estados sulistas para negar o envio de recursos para o Nordeste já que, se este era um deserto, para que se iria gastar recursos com uma terra inóspita e imprópria para a vida humana? A solução seria evacuar a sua população para áreas mais férteis do país.

Para compreendermos como muitos dos estereótipos que temos sobre determinadas populações e regiões brasileiras surgiram historicamente, como muitos dos preconceitos que temos sobre determinados estados brasileiros foram resultado de um dado processo histórico, que envolve desde questões econômicas, políticas e sociais até questões culturais, é interessante ler obras como as de Maria A.

do Nascimento Arruda, *Mitologia da mineiridade*; de Maria Medianeira Padoin, *Federalismo gaúcho*; de Arnaldo Walter Doberstein, *Estatuários, catolicismo e gauchismo*; de Luis Fernand Cerri, *A ideologia da paulistanidade*; de Cássia Chrispiniano Adduci, *A pátria paulista*; de Manoel Correia de Andrade, *O Nordeste e a questão regional*; de Rosa Maria Godoy Silveira, *O regionalismo nordestino*; de Maura Pena, *O que faz ser nordestino*; de Frederico de Castro Neves, *Imagens do Nordeste*, entre muitas outras. Dediquei dois livros à abordagem da construção histórica do recorte regional nordestino e da identidade de seu habitante: *A invenção do Nordeste e outras artes* e *Nordestino: uma invenção do "falo"*. Tais obras tratam do processo histórico que levou ao surgimento do Nordeste como região diferenciada no interior do Brasil e de como a designação nordestino surgiu para nomear os moradores de uma dada área do país, procurando mostrar que o surgimento da região e de uma identidade para seus habitantes são feitos a partir da elaboração de uma forma de ver e dizer este espaço e este povo, que vai se impregnar na cultura brasileira, que vai ser veiculada por várias atividades artísticas, culturais e intelectuais, construindo verdades, estereótipos e preconceitos dos quais é muito difícil fugir na hora de se falar sobre eles.

Outro tema que é correlato ao do preconceito por origem geográfica, e que tem dado margem à elaboração de uma rica bibliografia, é aquele atinente ao que chamamos de etnocentrismo, ou seja, a tendência que nós temos de considerar a nossa própria cultura como parâmetro para medir e julgar todas as outras culturas, quase sempre considerando nossos padrões culturais como superiores ou como modelos que devem ser generalizados universalmente. O etnocentrismo trata da relação entre um nós (grupo social ou cultural a que se pertence) e os outros, que estão dele excluídos ou dele diferem. Muitos dos preconceitos que marcam os povos, nações ou regiões, advêm do fato de que possuem padrões culturais diferentes dos povos, nações ou regiões dominantes ou hegemônicos. Estas obras começam a emergir desde o século XVI, quando a expansão marítima e comercial europeia põe os povos europeus em contato com culturas bastante diferenciadas das suas, com hábitos e costumes que questionavam aquilo que consideravam ser a civilização e a própria humanidade, como o contato com os povos americanos praticantes da antropofagia. São textos dedicados a refletir sobre a diversidade humana e que acabam por introduzir, a partir do século XVIII, o tema das raças, que nos séculos XIX e XX dará origem a variados discursos racistas e racialistas, fonte de inúmeros preconceitos contra determinados povos, etnias, regiões, nações e até continentes inteiros. Os discursos racialistas, diferentemente dos discursos racistas, são aqueles que procuraram entender a diversidade cultural humana a partir de sua diversidade racial, sem introduzir nisso nenhum sentido pejorativo ou hierarquizador. Eram discursos relativistas, como os de Montaigne ou Pascal, que ao refletirem sobre a origem e diversidade dos valores humanos, os consideram produtos da diversidade racial humana. Este discurso ganhará tons racistas em autores como o conde de Gobineau, para quem não só os humanos são racialmente e culturalmente diversos, como esta diversidade está disposta em uma hierarquia, que gera desigualdades de capacidades e de aptidões. Para ele haveria uma inferioridade ou superioridade natural de certos povos, nações ou regiões que adviria de sua inferioridade ou superioridade racial. Este discurso racista dará origem, inclusive, a um saber que se nomeará de eugenismo, ou seja, o estudo da composição racial dos povos, que teria como consequência a prática da eugenia, ou seja, a adoção de medidas que visassem a melhoria da raça humana, oferecendo as condições mais propícias para sua reprodução saudável e dentro de padrões racialmente predefinidos.

Desde o século XVIII, o etnocentrismo vai também ganhar uma conotação nacionalista. O tema da nacionalidade irá se aglutinar ao tema da diversidade humana que, se nos séculos XVI e XVII era pensada em termos universais, passa agora a ser concebida privilegiadamente em termos nacionais. Este nacionalismo militante, além de dar origem à ideia da existência de uma cultura nacional, militando para isso contra toda manifestação cultural regional ou local, considerada agora folclórica, devendo ser integrada ao corpo da cultura nacional ou como retrógrada e ultrapassada, quando não ameaçadora da unidade nacional, devendo desaparecer a partir da educação ou mesmo da repressão, tende a considerar esta cultura nacional superior às demais, tentando tomá-la como modelo que deve ser generalizado. Este tema é tratado por Tzvetan Todorov, um intelectual búlgaro, que uma vez tendo migrado para a França, passa a refletir sobre a maneira como os franceses viram, ao longo do tempo, os outros, como ao definirem a si mesmos, como ao dizerem o que era o ser francês, tarefa assumida por intelectuais importantes como Montaigne, Helvécio, Pascal, Rousseau, Montesquieu, Diderot, desde o século XVII até o século XX, com Lévi-Strauss, por exemplo, definiram também o que eram os outros, muitas vezes de forma etnocêntrica. No seu livro *Nós e os outros*, podemos encontrar um exemplo de reflexão sobre este tema que continua candente em nosso mundo, o da relação entre as diversas culturas humanas, o respeito ou não à diferença e à diversidade que caracterizam o ser humano, a tendência que temos, até porque é difícil fazer diferente, de olharmos os outros a partir de nossas próprias convicções e hierarquizá-los ou julgá-los a partir de nossos próprios códigos culturais.

Outra obra marcante nesta área é do historiador palestino, residente nos Estados Unidos, Edward Said, que publicou dois livros que são referência na reflexão sobre o papel que a produção cultural europeia, no século XIX, e norte-americana no século XX, tiveram e têm na reprodução do imperialismo econômico e político sobre os povos ditos orientais. Em *Orientalismo*, Said procura mostrar como a produção artística e literária europeia, do século XIX, esteve comprometida, muitas vezes independentemente da vontade explícita de seus autores, com a veiculação de uma forma de ver e dizer os povos chamados de orientais, que foram fundamentais para a manutenção da dominação europeia sobre estes povos e sua legitimação perante as próprias populações residentes nas metrópoles. Esta produção cultural foi fundamental para convencer os colonizadores de que realizavam uma obra civilizatória e meritória, ao governar povos que eram definidos como incapazes de fazê-lo por si próprios ou não capacitados a atingir o estado de civilização sem a colaboração de povos "superiores". Mas também foi necessária para que as próprias elites colonizadas, que tinham acesso a esta produção cultural, aceitassem sua condição de "inferiores" e, portanto, colaborassem com o processo de "civilização" de seus povos e nações. Said chama este conjunto de imagens e de textos que procuram definir o que é o ser oriental como orientalismo, como a maneira de dizer os orientais inventada pelos ocidentais. O autor palestino vai argumentar que a invenção do oriente é fundamental para que a própria invenção do ocidente se faça. O Ocidente se define em oposição ao Oriente. O que cria esta pretensa unidade e homogeneidade chamada ser ocidental é uma outra pretensa unidade e homogeneidade na forma de ser, que é a do ser oriental. Analisando a obra de autores clássicos da literatura europeia como Gide, Conrad, Chateaubriand, Dickens, Hughes e Kipling, Said vai procurar mostrar como a imagem que nós fazemos hoje do que seja um árabe, do que seja um palestino ou mesmo um egípcio ou um japonês advém, em grande medida, destes autores e de seus romances. Vivendo o drama de ser um palestino que morava nos Estados Unidos, onde a imagem dos árabes é profundamente estereotipada, Said vai usar seu trabalho de historiador para chamar atenção para a construção de nossa maneira de ver os povos do oriente, de como esta visão está marcada pelos fenômenos do imperialismo e do colonialismo, assim como a relação dos europeus ou dos americanos com os africanos está definitivamente marcada pelo fenômeno da escravidão.

Em seu livro seguinte, *Cultura e imperialismo*, Edward Said vai ampliar esta análise para pensar justamente a relação entre produção cultural e dominação política. Examinando algumas obras-primas da cultura ocidental, como *O coração nas trevas*, de Joseph Conrad, *Mansfield park*, de Peter Austen e *Aida*, de Verdi, mostra os estreitos vínculos entre política e cultura na produção e reprodução de um sistema de dominação colonial, que envolvia tanto a violência física, a presença de exércitos armados e bem aparelhados, como a violência simbólica, toda uma produção cultural que mais do que colonizar terras, colonizava subjetividades, mentes, a própria imaginação dos colonizadores e dos colonizados, como faz hoje uma parte da produção cultural norte-americana, completando o trabalho realizado pelo tecnológico e futurista aparelho militar estadunidense. Esta produção cultural tratou de consolidar a dominação europeia, não só convencendo os próprios europeus e os povos dominados de que era um direito deles exercer esta dominação, como, mais do que isso, era uma obrigação em nome da civilização, da religião, do progresso, da evolução, do desenvolvimento etc. Mas o autor também mostra que esta dominação não se fazia sem contestação ou sem contradições. Estas apareciam, inclusive, nas obras dos autores mais comprometidos com o discurso colonial, como um Conrad, por exemplo, ou mesmo até nos discursos dos colonos europeus que residiam nas colônias.

Nesta revisão bibliográfica, procuramos não apenas citar autores e títulos cuja leitura é indispensável para se entender muitos dos preconceitos que alimentamos, hoje, em relação a determinados povos, a determinadas nações ou regiões, mas também procuramos arrolar alguns temas sem os quais não poderemos entender de onde provêm muitos dos estereótipos negativos que continuamos veiculando, em nossos dias, acerca de certas populações, somente por causa de suas origens geográficas ou locais de nascimento. Procuramos mostrar que se quisermos entender os conflitos e as tensões que separam os povos da terra contemporaneamente, temos que recuar, pelo menos, até o século XI, quando, na Europa, se inicia um processo decisivo para que este continente se torne hegemônico e venha a se expandir, conquistar, dominar e colonizar grande parte do restante do globo, ou seja, o processo de emergência dos Estados Nacionais, de surgimento das nações modernas e seu poder altamente centralizado, fundamental, inclusive, para a emergência de um novo sistema econômico, o capitalismo, que, tendo como características fundamentais a acumulação de capital, a busca do lucro e da apropriação privada, promoverá a expansão dos povos europeus sobre novos territórios e sobre povos e civilizações bastante antigas, a que vão procurar submeter política, econômica e culturalmente. Esta política expansionista será acompanhada de uma intensa produção cultural que procurará embasá-la, justificá-la, explicá-la e promovê-la, dando origem a um conjunto de obras voltadas para dizer estes outros, estes povos e terras exóticas que foram sendo encontradas ou conquistadas, produção quase sempre marcada pelo etnocentrismo e que produzirá muitas das imagens e discursos, conceitos e preconceitos que usamos, ainda hoje, para nos referir ou caracterizar estas populações e seus territórios. Dentro das próprias nações, muitos destes valores, destas concepções que foram produzidas pelos europeus e assimiladas parcialmente pelas elites das colônias servirão, muitas vezes, para diferenciar e discriminar não apenas as demais classes ou grupos sociais, como áreas ou regiões inteiras. Se as elites brasileiras trouxeram da Europa ou assimilaram dos europeus o conceito de civilização e procuraram construir sua imagem e pautar suas atitudes a partir dele, também o utilizaram para diferenciar e marcar negativamente dadas parcelas de nossa população, como os pobres, os negros e os mestiços, até áreas inteiras do país, como o sertão, o interior ou o meio rural. Sem abordarmos temas como os da constituição dos Estados Nacionais e as lutas regionais que estes promoveram e causaram, a consequente expansão marítima e comercial europeia, o processo de colonização e os processos econômicos, as estruturas políticas e sociais e a produção cultural que este deu origem, não entenderemos muitas das tensões e preconceitos que dividem os homens, hoje, no mundo.

Capítulo 2

A formação do Estado Nacional brasileiro e os preconceitos por origem geográfica

Para entendermos muitos dos preconceitos que marcam os brasileiros quando estão no exterior, na Europa ou nos Estados Unidos, por exemplo, e muitos dos preconceitos que temos em relação aos nossos vizinhos sul-americanos, em relação aos latino-americanos, em relação à África, em relação a alguns povos asiáticos e em relação a alguns povos europeus, notadamente aos portugueses, é necessário que entendamos como se deu a construção do Estado Nacional brasileiro, sobre que formação social este se estabeleceu, que relações econômicas e políticas o sustentaram e que discursos, veiculados por uma produção intelectual e artística, o legitimaram, deram-lhe identidade, o ajudaram a se consolidar e se definir, ao mesmo tempo que definiam o que caracterizava nossa nação, o que era singular em nossa natureza, em nosso povo, em nossa história e nas relações que mantínhamos e manteríamos com os outros daí por diante. Da maneira como se deu o processo de construção do Estado no Brasil, do papel que as elites das várias áreas do país nele desempenharam, dos conflitos que se deram em torno de sua hegemonia, nasceram muitas das disputas regionais e dos discursos regionalistas que foram responsáveis, também, pela emergência de muitos dos estereótipos e dos preconceitos que marcam as diferentes regiões do país e suas populações.

A implantação definitiva de um Estado nacional no Brasil vai se dar após o processo de independência, que teve seu ponto culminante no dia 7 de setembro de 1822. Mas uma primeira particularidade a marcar este processo no Brasil é que, ao contrário do que ocorreu nos Estados Unidos ou nos outros países da América Latina, aqui o processo de separação da metrópole foi feito capitaneado por um membro da própria família real portuguesa e a construção do Estado brasileiro se fez a partir de uma estrutura estatal preexistente, aquela montada com a fuga da Corte portuguesa para sua principal colônia, em 1808, escapando da invasão de Portugal pelas tropas de Napoleão Bonaparte, fuga feita sob o patrocínio e aconselhamento da coroa britânica, inimiga dos franceses e que estava interessada em ter acesso direto ao mercado da maior e mais rica colônia portuguesa. A separação política de Portugal não significou, portanto, qualquer ruptura mais acentuada com a estrutura econômica e social, marcada pela escravidão, pela concentração desmesurada da riqueza, notadamente das terras, pela prevalência das atividades agrícolas de exportação e pela exclusão social e política de boa parte da população. Nem mesmo significou uma ruptura política mais radical, pois o controle do Estado nacional recém-criado, além de ir parar nas mãos das mesmas elites agrárias a que já se associara a administração portuguesa aqui implantada, vai adotar o mesmo regime político vigente na metrópole desde a Revolução de 1820, a monarquia parlamentar, e entronizar como nosso primeiro imperador o herdeiro direto da própria coroa portuguesa, o que seria um passo, pelo menos assim pensava D. Pedro I, e possivelmente seu pai, para uma reunificação das duas coroas quando este viesse a assumir o trono português. O fato de termos sido a única monarquia em toda a América, o fato de termos sido o único país americano onde as elites puderam assumir ares e títulos de nobreza e se pensar como uma aristocracia, com a consequência de que as camadas populares serão vistas como plebe, sem nobreza e sem sangue real, marcará definitivamente a forma como nós brasileiros nos vemos, como vemos os nossos vizinhos e como estes nos veem.

Feita a independência, criado o Estado nacional, tratava-se agora de consolidá-lo, não apenas no plano internacional, com o necessário reconhecimento por parte de outros países de nossa soberania, mas internamente, pois dado o caráter excludente e elitista do processo, grande parte da população permanecia alheia a estas decisões políticas, além do que, no seio das próprias elites, existia aquelas que permaneciam fiéis a Portugal e aquelas que ficaram descontentes com a forma como se deu o processo de independência, reivindicando o afastamento definitivo do imperador ou mesmo da família real deste processo, advogando, inclusive, o estabelecimento de um regime republicano no país, assim como ocorrera em todos os nossos países vizinhos, à medida que foram conquistando suas independências em relação à Espanha, ou como ocorrera com os Estados Unidos, ao se emanciparem em relação ao domínio inglês. Estes setores, considerados liberais radicais, eram combatidos por moderados e conservadores que afiançavam o processo de separação tal como ocorreu, temendo que a independência pudesse ganhar contornos de convulsão social, com a participação dos setores populares e, notadamente, da população de escravos que excedia a própria população livre neste momento. O Estado nacional surgiu, portanto, no Brasil, como um instrumento de manutenção da mesma estrutura econômica e social que vinha do período colonial, reforçando as mesmas hierarquias sociais, defendendo a manutenção da escravidão, da mesma estrutura fundiária, mantendo, inclusive, o mesmo estatuto colonial quando se tratava das relações econômicas entre nosso país e os países hegemônicos na economia internacional. Para conseguir o reconhecimento internacional da independência, uma das primeiras medidas tomadas pelo Estado brasileiro foi assumir, junto aos bancos ingleses, uma boa parte da dívida que Portugal tinha com aquele país. Surgimos, portanto, contraditoriamente, como um Estado independente que, para seu reconhecimento, já aliena de saída sua independência econômica. O fim do monopólio colonial e a abertura do Brasil ao comércio internacional, feita ainda antes da independência, quando da chegada de D. João e da corte portuguesa ao Brasil e consolidada com os tratados de livre comércio celebrados com a Inglaterra em 1810, já submetera a economia brasileira a uma nova dependência, que a independência só veio ratificar.

O processo de consolidação deste Estado nacional passou não apenas pelas vitórias conseguidas contra as últimas resistências advindas de tropas leais a Portugal, as chamadas guerras pela independência, vencidas com a ajuda de mercenários e comandantes militares estrangeiros, como pela abdicação de D. Pedro I. Este retorna a Portugal, onde tem o direito ao trono ameaçado por seu irmão D. Miguel, já que encontra crescentes resistências de parte das elites brasileiras descontentes com o que consideram ser suas tendências absolutistas, à medida que dissolvera a Assembleia Constituinte de 1823 e outorgara uma constituição em 1824 que se caracterizava por montar uma estrutura de governo centralizadora e apoiada no exercício do Poder Moderador, através do qual podia intervir em qualquer decisão do Parlamento. Ele sofre, ainda, a constante desconfiança de que estava apenas esperando o momento para reunificar as duas coroas, retornando o Brasil à condição de reino unido a Portugal, estatuto que já havia conquistado com a instalação do governo português no Brasil, e cuja ameaça de perder foi um dos motivos de se ver desencadeada a independência. A consolidação passa, também, pela ascensão ao trono, de modo prematuro, de D. Pedro II, que surge como a única solução possível diante da ameaça de dissolução da unidade territorial brasileira, tida como uma das grandes obras e heranças deixadas pelo domínio português, fruto das revoltas de cunho separatista ou federalista que emergem durante o período das regências, onde governos interinos exercidos por membros da elite brasileira, aguardam a maioridade do príncipe herdeiro.

Mas este processo de consolidação do Estado nacional não se dá apenas no plano estritamente político. As elites dirigentes, que tinham como principal tarefa não apenas construir e organizar este Estado, mas também criar o que seria a nacionalidade, consolidando o que seria uma ideia de pátria, de nação, definindo a particular forma de inserção do Brasil no concerto das nações, notadamente o tipo de relações políticas e diplomáticas que o país manteria com seus vizinhos e com os demais países, definindo o que singularizava os brasileiros enquanto povo e enquanto nacionalidade, qual seria a particular contribuição brasileira para o processo civilizatório, vão criar, em torno da definição de um projeto de nação e da construção de uma nacionalidade brasileira, instituições voltadas para a elaboração de uma definição do que seria a identidade nacional e de seu povo, para a organização de uma memória nacional, base para a escritura de uma história que narrasse e tornasse inteligível a maneira como se deu a formação do país enquanto sociedade e enquanto Estado, procurando dizer quem era o Brasil e os brasileiros, como se diferenciavam dos demais países e povos, e qual o projeto de nação o país deveria perseguir. O século XIX marca, portanto, o momento de construção simbólica e discursiva da nacionalidade brasileira. É o momento em que se institui grande parte do imaginário que nós utilizamos para nos definir e para nos dizer. É neste século, também, que muito daquilo que consideramos ser a nossa história, os fatos principais de nosso processo histórico, foram definidos e descritos. Muitos dos mitos que continuamos a repetir sobre nós mesmos e sobre nossos vizinhos foram aí elaborados. Este século marca não só o nascimento do Brasil enquanto Estado, mas também enquanto um conjunto de sentidos, de significados, de símbolos, de eventos, que nos vão dizer e nos tornar visíveis. Podemos dizer que é aí que o Brasil nasce como conceito e também muitas vezes como preconceito; sem esquecermos que a produção intelectual e artística responsável por esta invenção da nacionalidade não deixou de lançar mão de todo um arquivo de imagens e de textos sobre a terra e os homens do Brasil, presentes nos relatos e crônicas coloniais, ou mesmo em toda a produção escrita sobre a colônia, nos séculos anteriores. Mas todas estas imagens e textos foram relidos agora a partir da ideia nuclear de nação, de formação da nacionalidade, o que atribui a eles novos sentidos.

Dentre as instituições que vão se dedicar a construir e definir o que seria o Brasil, a traçar um projeto para o país, está o Instituto Histórico e Geográfico Brasileiro, criado em 1838, seguindo o modelo do Instituto francês, que congregava as mais expressivas figuras intelectuais e políticas envolvidas diretamente na administração e na organização do Estado imperial. Dele fazia parte, diretamente, o próprio imperador, D. Pedro II, que não só presidiu muitas de suas reuniões, como participou ativamente como um dos seus membros, patrocinando muitas das viagens de estudos que os membros do IHGB fizeram ao exterior. Este Instituto nascia, portanto, umbilicalmente ligado ao Estado imperial e tinha como destinação muito clara construir uma história e uma geografia para a nação ainda em processo de consolidação. O IHGB se constituía numa espécie de órgão auxiliar da administração monárquica, que tinha como função, à luz de estudos da história, da etnografia e da geografia nacionais, apontar caminhos políticos, diplomáticos e civilizacionais a serem seguidos pela nação e por seus dirigentes. À par com a valorização que o século XIX concedeu à história como saber mestre, como saber orientador da vida dos homens e das sociedades, saber com o qual se aprenderia as experiências passadas dos homens e do qual se retiraria modelos de comportamento positivos e negativos em relação à pátria e à humanidade, o IHGB vai ser pensado como uma instituição capaz de, estudando o que foi nosso passado, indicar os caminhos que estas elites dirigentes e que este Estado deveriam seguir na busca do progresso, da prosperidade, da civilização e da grandeza da nação e do país.

Ainda em 1840, o Instituto promove um concurso onde se deveriam apresentar teses definindo como deveria ser escrita a história do Brasil. Entre as várias propostas apresentadas vai ser escolhida aquela enviada pelo naturalista alemão Karl Philipp von Martius, que estivera percorrendo o Brasil na década anterior. A proposta apresentada por von Martius vai ser realizada, em grande medida, por um outro descendente de alemães, um diplomata e historiador, considerado por muitos o primeiro historiador brasileiro, Francisco Adolfo de Varnhagen, que embora tenha passado grande parte de sua vida fora do país, servindo como diplomata, e não tivesse uma formação voltada para a historiografia, decidiu dedicar grande parte do tempo que serviu como embaixador em países como Portugal, Espanha e Áustria, a recolher, copiar e organizar documentos que servissem para escrever a história do Brasil. Isto era bastante coerente com os próprios objetivos definidos pelo IHGB para sua atuação — IHGB do qual Varnhagen era sócio —, ou seja, coligir, reunir, classificar e organizar a documentação que servisse para escrever a história da nação, objetivo definido para a própria história pela escola metódica alemã, encabeçada por Leopold von Ranke. No início da década de 50 do século XIX, Varnhagen vai escrever o que seria a primeira *História geral do Brasil*, publicada entre 1854 e 1857, onde segue o plano traçado por Von Martius que recomendava escrever a história do Brasil a partir da contribuição particular que cada raça — índios, negros e brancos — teria dado para a formação da sociedade brasileira e para sua organização enquanto Estado.

Na leitura feita da história do Brasil, por Varnhagen, se encontra muito dos mitos que estarão presentes, desde então, nos discursos nacionalistas brasileiros, bem como muito das formas preconceituosas como olhamos para outros povos e para determinados grupos humanos que habitam o próprio Brasil. Estando ligado ao IHGB e este ligado diretamente ao Estado imperial, a história do Brasil escrita por Varnhagen tinha como sujeito principal o próprio Estado Nacional. A sua formação e constituição era, inclusive, a teleologia, a promessa que atravessava toda a história da colônia portuguesa desde o século XVI. Os fatos que vão ser escolhidos por Varnhagen, para compor a história do Brasil, serão escolhidos tendo como critério fundamental o quanto estes contribuíram para a formação dos elementos que definiam um Estado nacional, ou seja, o território, o povo, a soberania e as instituições políticas e culturais. Aqueles fatos considerados ameaçadores desta construção do Estado nacional, ou foram ignorados na narrativa de Varnhagen, como muitos movimentos populares ocorridos em nossa história, ou foram tratados depreciativamente, como o fez com a invasão holandesa, que escolhe como episódio onde teria nascedouro o espírito nacional, fato que havia provocado, pela primeira vez, o irmanamento das três raças formadoras de nosso povo para expulsar o invasor e defender a pátria, ou com a Inconfidência Mineira, considerada negativa por ameaçar a unidade nacional e mostrar hostilidade em relação à colonização portuguesa, considerada por Varnhagen positivamente, já que escrevia, em grande medida, para um Império e um imperador diretamente ligados ao passado domínio português.

O livro de Varnhagen, através do relato da história da formação do território, do povo e do Estado brasileiros, irá definindo o que seria a própria identidade nacional, o que nos singularizava perante outras nações e quais os valores que a nacionalidade brasileira representaria. Em *História geral do Brasil*, a nação é pensada como herdeira do processo de civilização trazido para os trópicos pelos europeus, no nosso caso particular pelos portugueses. Ao contrário dos discursos que legitimaram as independências de várias das ex-colônias espanholas, onde se podia constatar a presença de uma hostilidade aberta contra a ex-metrópole, o discurso que vamos encontrar na obra de Varnhagen é de exaltação do processo de colonização levado a efeito pelos portugueses. Para Varnhagen, o Brasil como nação e como Estado se propunha a apenas continuar a obra aqui iniciada pelo colonizador, obra civilizatória, caracterizada pela garantia da ordem e da unidade política, administrativa, linguística e religiosa de todo o território nacional. O Império brasileiro deveria se legitimar por continuar o processo de constituição do território, da população, da economia, da sociedade e da cultura brasileiras iniciado com sucesso pelos portugueses. Não deveríamos ter em relação à metrópole qualquer ressentimento, pois esta nos teria dado até mesmo a nossa elite dirigente e o imperador que, sabiamente, dirigia o país. As identidades do Estado, da nação, bem como de suas elites são construídas como sendo continuidades do Estado, da nação e das elites portuguesas, portanto, europeias, civilizadas, aristocráticas e brancas.

Esta visão do Estado e da nação brasileira era acompanhada e se construía, em grande medida, tendo como contraponto a situação política e a forma como havia se dado o processo de independência das colônias espanholas, notadamente, as vizinhas da América do Sul. Enquanto as elites brasileiras teriam sido sábias, ao evitar o radicalismo, o jacobinismo, realizando um processo de independência em que a ordem e a unidade nacional foram preservadas, as elites das colônias espanholas, elites crioulas, não aristocráticas ou nobres, não brancas, com seu radicalismo, consubstanciado em pensamentos como o de Simón Bolívar e José de San Martín, teriam levado ao esfacelamento e fragmentação dos territórios antes pertencentes à Espanha, dando origem a inúmeros Estados e nações frágeis, que seriam caracterizados politicamente pela desordem, pelos constantes conflitos e levantes políticos, e pelo constante ascender e apear de chefetes, de caudilhos e de oligarcas da direção de seus Estados, considerados nominalmente de repúblicas, mas que não passariam de republiquetas, sujeitas a todo tipo de desordem, corrupção e violência. Esta imagem que as elites brasileiras construíram de si mesmas, da nação e do Estado brasileiros vai ser responsável pela forma preconceituosa e depreciativa com que olhamos para nossos vizinhos, notadamente, àqueles mais pobres e onde a presença de uma população mestiça é mais acentuada. O Brasil, até muito recentemente, viveu diplomaticamente de costas para seus vizinhos, voltado para a Europa e os Estados Unidos, enquanto nossa produção cultural, e até intelectual, silenciava sobre povos e nações tão próximas de nós, quando não reproduzia estas visões pejorativas e estereotipadas que foram construídas pelo discurso da nacionalidade no século XIX.

No livro de Varnhagen, vai ser construído o mito de que o brasileiro é um povo ordeiro, que se caracteriza pela busca da paz, quando, uma década depois de seu livro ser publicado, o Império brasileiro deu mostras claras de suas veleidades expansionistas, ao se envolver numa guerra contra o Paraguai, tendo como aliados a Argentina e o Uruguai. Solano López, tido como exemplo típico dos caudilhos que a realidade das repúblicas vizinhas produzia, resistindo à entrada de capital estrangeiro em seu país, dotando-o de uma estrutura educativa que o Brasil nem sonhava ter — já que uma das principais heranças deixadas pelos portugueses e que foi esquecida por Varnhagen, em sua história do Brasil, foi a absoluta falta de instituições voltadas para a educação no país, pois, enquanto os espanhóis dotaram suas colônias desde cedo de Universidades, Portugal resistira, sob o obscurantismo da inquisição e do monopólio educacional jesuíta de as instituir no país, realidade que pouco o Império estava fazendo para modificar — se viu acossado e depois derrotado em uma guerra financiada pelos interesses ingleses e norte-americanos e da qual o Império brasileiro não teve como lucro um único pedaço de terra, tendo arrasado o país vizinho e sua população masculina, mas afirmado a sua hegemonia na América do Sul, hegemonia, como neste caso, sempre colocada a serviço de outros interesses, como os ingleses, neste momento e norte-americanos, mais tarde. Como consequência, as elites brasileiras passaram a ter e divulgar, para toda a população, uma visão profundamente negativa dos paraguaios, que consideramos até hoje serem sinônimo do que não presta, do que é falsificado ou é enganador, como na expressão "cavalo paraguaio", que significa aquele que surge como favorito mas que, na verdade, não tem como vencer a corrida. Ainda hoje julgamos ser os paraguaios um povo inferior, constituído de contrabandistas ou de pessoas desonestas. E o mais interessante é que, grande parte do comércio clandestino, do contrabando, do roubo ou da contravenção cometidos pelos paraguaios, são feitos com a participação, com a ajuda ou tendo como destinatários o Brasil e os brasileiros, mas são os paraguaios que ficam com o monopólio da desonestidade.

Esta aliança entre Brasil, Uruguai e Argentina, que se uniram contra o Paraguai, mal esconde as tensões que também existiam entre estes países. O Uruguai havia sido, como província Cisplatina, domínio português, desde 1817, e foi perdido pelo nascente Estado nacional brasileiro com a derrota na chamada Guerra da Cisplatina em 1825, na qual a Argentina havia desempenhado um atuante papel, já que também tinha pretensões sobre aquele território, levando, inclusive, a que o Império brasileiro declarasse guerra a seu vizinho. Foi somente com a intermediação da diplomacia inglesa, interessada na criação de um Estado tampão entre Brasil e Argentina, que o Uruguai surgiu como país, sem que tenha desaparecido do seio das elites uruguaias o sentimento de temor em relação a uma possível anexação, tanto por parte do Brasil, como por parte da Argentina. Se somarmos a este fato as constantes tensões e conflitos existentes entre os grandes proprietários de terras da região dos pampas uruguaio e brasileiro, as constantes *razias* e saques realizados pelos gaúchos dos dois futuros países, durante séculos, dos dois lados do que seria a fronteira, tão bem abordados pelo clássico da literatura brasileira *O tempo e o vento*, de Érico Veríssimo, entenderemos um pouco a hostilidade que ainda hoje existe, de uma maneira velada, entre uruguaios e brasileiros e que, ao longo do século XX, se explicitou sempre mais claramente nos enfrentamentos esportivos entre atletas dos dois países, notadamente após a histórica derrota brasileira na Copa do Mundo de futebol de 1950, nos domínios do próprio Brasil.

As intervenções constantes do Império brasileiro na política dos países platinos, a pretexto de garantir a livre navegação no rio da Prata, hostilizando ou apoiando partidos contrários aos governos de Rosas na Argentina e de Oribe e Aguirre no Uruguai, demonstram como a celebração da Tríplice Aliança contra o Paraguai foi antecedida de muitas tensões entre Brasil, Argentina e Uruguai, até que as questões de limite entre estes países ficassem definidas e tanto o Brasil quanto a Argentina renunciassem a qualquer pretensão territorial em relação ao Uruguai. As tensões entre brasileiros e argentinos se devem não apenas à disputa travada por ambos os Estados em torno da província Cisplatina e os conflitos de fronteira, que levaram a uma militarização crescente da província do Rio Grande do Sul, levando a sucessivos episódios de confrontos entre os grandes potentados rurais dos dois lados da fronteira e as tropas dos dois países, mas à própria disputa no plano diplomático pela hegemonia na América do Sul. O preconceito com que os argentinos olham os brasileiros também se deve à crescente diferenciação econômica e social entre os dois países, entre o final do século XIX e o início do século XX. A chegada à Argentina de grandes levas de imigrantes europeus, o fato de que a Argentina não teve a sua formação histórica assentada no trabalho escravo africano e sim no trabalho servil dos indígenas, uma sociedade que apresentou um processo de urbanização mais prematuro do que a sociedade brasileira, a diferença de nível educacional entre boa parte da população dos dois países, fizeram com que as elites argentinas sempre olhassem com certo desprezo para a população brasileira que, pelo fato de ser majoritariamente mestiça e com forte presença negra, era chamada de "macaquitos". Talvez este epíteto também nasça da própria forma como se comportaram as elites dos dois países diante do processo de independência e o tipo de discurso de legitimação da nova nacionalidade que cada uma construiu. Enquanto as elites argentinas, embora também tenham elaborado uma identidade que se apoiava na ideia de que era branca e que continuava a civilização europeia, demonstrava maior rejeição à colonização espanhola, as elites brasileiras se compraziam em elogiar sua antiga metrópole e a copiar os europeus de uma forma acrítica, daí talvez o estereótipo do macaquito, aquele que está sempre imitando o outro. Talvez para as elites argentinas elas fossem realmente europeias, enquanto a elite brasileira apenas podia tentar passar por europeia através da imitação, do macaqueamento, sofrendo de complexo de inferioridade por ser mestiça. Muitos brasileiros consideram os argentinos arrogantes e orgulhosos, talvez exatamente por este discurso de superioridade racial e de pertencimento efetivo à raça branca e europeia que as elites deste país vão exibir, além do que efetivamente a Argentina esteve à frente do Brasil em termos de desenvolvimento econômico e social, com um nível de vida e de escolarização muito superior ao dos brasileiros, durante grande parte dos séculos XIX e XX. As tensões entre Brasil e Argentina se acentuaram, quase levando a um conflito bélico, durante a vigência dos regimes militares nos dois países, nos anos 1970 do século XX, quando a ameaça que o outro representava foi motivo, inclusive, para o desenvolvimento secreto de programas nucleares. A militarização do país vizinho desaguou no desastre militar da Guerra das Malvinas, episódio decisivo para acabar com a duríssima ditadura que matou grande parte das maiores lideranças políticas e grandes expressões intelectuais e artísticas do país, golpe do qual ainda não se refez. Somente com a profunda crise econômica e social vivida pela Argentina nas últimas décadas e com a criação do Mercosul, é que as tensões entre os dois países têm se reduzido, mas não deixando de haver entre os dois povos uma clara rivalidade que explode em conflito aberto em muitos episódios.

Mas não foi apenas a historiografia do século XIX que procurou construir a ideia de nacionalidade no Brasil. A produção literária e artística, notadamente de inspiração romântica, também terá um papel decisivo na construção de algumas imagens e de alguns textos que serão fundamentais para elaborar a forma como ainda hoje nos vemos e nos pensamos. O romantismo, desde seu surgimento no final do século XVIII na Europa, desempenhou um importante papel na elaboração do que seria a identidade de cada nação, lançando mão das temáticas da tradição, da natureza e do povo. No Brasil, desde suas manifestações pioneiras, no final dos anos 30 do século XIX, os românticos elegerão como temáticas fundamentais, para definir o que seria a particularidade nacional, o tema da natureza, aliando a ele o tema do homem natural, aquele que expressaria a pureza e a autenticidade da natureza humana ainda não corrompidas pela civilização, que seria encarnada pelo índio. É interessante pensar que foi um relato feito, no século XVI, sobre os índios, por um corsário francês calvinista, Jean de Léry, que participou da tentativa francesa de montar uma colônia no Rio de Janeiro, que levou ao surgimento, na Europa, do mito do bom selvagem, que aparecerá na obra de um Montaigne e que será retomado por Rousseau, um dos inspiradores do movimento romântico. A natureza brasileira sempre chamou a atenção dos que aqui aportaram. Desde a carta pioneira de Caminha, a variedade e diversidade da flora e da fauna tropicais, em comparação com aquelas presentes nas florestas subtropicais, foi motivo de admiração, maravilhamento e temor por parte dos que por aqui chegavam. O romantismo brasileiro vai ser responsável por construir o mito do gigante pela própria natureza, enunciado que aparecerá mais tarde, com a República, na letra do hino nacional brasileiro. Pensado ora como paraíso edênico, ora como inferno verde, o Brasil teria na natureza um dos traços fundamentais a lhe diferenciar dos demais países. A sua literatura e suas artes conseguiriam se diferenciar das dos outros povos se conseguissem trazer para seu interior, tomar como temas, este colorido, esta variedade, esta grandiosidade, este mistério presente na natureza brasileira. Não tendo uma tradição a relatar, já que, para os românticos, seríamos uma nação e um povo ainda em construção, já que nossa história como nação independente começara há pouco e a colônia poucas tradições de valor havia nos deixado, restava eleger o tema da natureza como aquele que poderia dotar as letras e as artes nacionais de sua singularidade.

Fazendo parte desta natureza e sendo o único homem autótocne, o indígena vai se tornar outro mito a ser explorado pelo romantismo nacional, como aquele que poderia efetivamente representar o povo brasileiro. O escritor e homem público José de Alencar será a maior expressão do que ficou conhecido como indianismo brasileiro, ao lado do poeta Gonçalves Dias. Em obras como *O guarani*, que será depois consagrada internacionalmente ao se tornar a primeira ópera brasileira pelas mãos do compositor Carlos Gomes, e *Iracema* e *Ubirajara*, Alencar vai tomar o índio como sendo a expressão do verdadeiro homem brasileiro, aquele que está integrado a nossa natureza, conhece seus mistérios e é capaz de domar a sua força. O índio de Alencar, contraditoriamente, aparece como uma força civilizadora. Longe de ser tomado como um "selvagem" ou "bárbaro", o índio expressaria aí os valores humanos considerados mais altos, valores que estariam sendo corrompidos pela sociedade burguesa, pela civilização capitalista que vinha emergindo na Europa. A pureza, a autenticidade, a valentia, o sentido da honra, a coragem, a bravura, o heroísmo, caracterizariam estes homens, distantes da corrupção trazida pelo mundo moderno, pelas cidades.

Esta reação à vida urbana, à vida artificial das cidades e do litoral, onde residiam populações dispostas a apenas copiar o que vinha do estrangeiro, vai resultar, também, na valorização progressiva por parte de Alencar e de outros românticos do homem sertanejo, daquelas populações que viviam no interior do país, que estariam protegidas das influências externas e que teriam, por isso mesmo, desenvolvido formas de vida, costumes e manifestações culturais autênticas, originais, propriamente nossas. Ao indianismo sucederá o sertanismo que tomará o que seriam as tradições culturais populares do interior como a base para a elaboração de uma literatura, de uma arte e de uma identidade propriamente nacionais. Juvenal Galeno, outro escritor cearense, e Mello Moraes Filho, autor carioca, serão importantes expressões, junto com Alencar, deste olhar erudito que se volta para as manifestações culturais das populações sertanejas e busca nelas matérias e formas de expressão, temas e assuntos para suas obras de poesia e literatura eruditas. Os livros *O sertanejo* e *O gaúcho*, de José de Alencar, nascem desta preocupação de encontrar tipos que expressem o que seria a nossa particular forma de ser, dando origem à elaboração também de nossas primeiras identidades regionais, dos primeiros estereótipos caracterizadores de determinadas populações do Brasil. São os românticos que também realizarão os primeiros estudos de folclore ou da chamada cultura popular no Brasil. Isto também ocorrerá na Europa, onde foram eles os responsáveis pela própria criação dos conceitos de cultura popular e de folclore. Lá, esta curiosidade voltada para o homem do campo, para as populações camponesas e das pequenas aldeias, nasce do impacto causado numa certa parcela das elites, notadamente de origem aristocrática, pela emergência da sociedade urbano-industrial, pelo surgimento das "classes perigosas" urbanas, notadamente do operariado. Volta-se para o campo e constrói-se uma visão idílica e rósea da vida rural à medida que se recusa a vida urbana, o fenômeno das metrópoles e das massas nelas concentradas. Aqui, esta recusa da cidade é acompanhada da recusa ao litoral, pois aí está concentrada grande parte de nossas maiores cidades, mas também se recusa a vida importada, os padrões culturais franceses e ingleses que encantam nossas elites litorâneas.

Mas talvez o espetáculo que mais choque causava, ao se visitar uma cidade brasileira, no século XIX, não vai ser sentido apenas pela sensibilidade dos românticos, que a ela também vão dedicar parte dos esforços literários e artísticos, mas também por todos os viajantes estrangeiros, membros de missões artísticas e científicas, como a Missão Francesa, que foi trazida ao Brasil por D. João VI, ou aquela que acompanhou a princesa austríaca que vinha desposar D. Pedro I, que era o espetáculo da escravidão, da forte presença negra em suas ruas, de homens e mulheres, muitos vestidos de forma sumária e com os pés descalços, a realizarem todo tipo de tarefas ou atividades. Desembarcar nos portos do Rio de Janeiro,

Salvador ou Recife, era um choque para pessoas que vinham de países onde o discurso liberal ou mesmo o discurso civilizador condenavam veementemente o comércio de pessoas. Somado ao preconceito racial, a presença negra nas ruas das cidades brasileiras, suas manifestações culturais, suas danças, festas, rituais religiosos que aí se realizavam, o comércio de levas de escravos em plena praça pública, causava um impacto tal que muito da visão negativa que se tem do Brasil, no exterior, foi construída nesta época, por viajantes como Agassiz, Gobineau, Mary Graham, chocados com o que consideraram a barbárie imperante na sociedade brasileira. Se românticos, como Castro Alves e Fagundes Varela, dedicaram seus versos a condenar a instituição da escravidão e a denunciar, principalmente, a violência e a ignomínia do comércio negreiro, alguns destes viajantes estrangeiros trataram de construir a imagem do Brasil como um país condenado ao atraso e a ficar para trás no processo de civilização por causa da prevalência, em sua população, de mestiços, pessoas supostamente marcadas pela degenerescência racial, e pessoas pertencentes ao que consideravam, segundo as teorias raciais da época, raças inferiores. Estes viajantes, assim como fizeram os românticos, marcaram o Brasil com a imagem do exótico, seja por sua natureza, seja por seu povo. Seríamos um país digno de curiosidade, de ser conhecido, mas não seríamos um exemplo de civilização.

A presença dos negros na sociedade brasileira irá se tornar uma questão candente no momento de se definir a nacionalidade brasileira e, notadamente, de quem comporia o nosso povo. Os indígenas, após séculos de uma verdadeira hecatombe, estavam reduzidos a algumas centenas de milhar de indivíduos, escondidos nas áreas mais interioranas ou periféricas do país. Vítimas de um processo violento de aculturação, há muito estavam misturados ao restante da população e já não mais representavam qualquer perigo para o chamado processo de civilização do país, podendo até aparecer com sua imagem edulcorada nas páginas dos romances e dos poemas românticos. O negro, ao contrário, chegara em grande parte da história do país a suplantar em números a própria população que se definia como branca. Desde que a revolução haitiana mostrara o perigo que podia representar esta desproporção entre brancos e negros, as tensões e o medo da elite branca pareceram aumentar, ao longo do século XIX. O negro que fora, durante muito tempo, a solução para a falta de braços nas lavouras de exportação ou na atividade mineratória, invadira todo o cotidiano de uma sociedade dominada por uma elite que, em grande medida, desprezava o trabalho manual, que não se dispunha a carregar um pacote pelas ruas, por considerar aviltante, que dependia do escravo para quase todas as atividades mais comezinhas, fosse no campo ou fosse nas cidades. Este fato levou muitos viajantes estrangeiros a definir como uma de nossas características a preguiça, pecha que ainda nos acompanha até hoje e que marca internamente no país as áreas onde a presença escrava foi maior, como na Bahia e no Rio de Janeiro, populações ainda vistas pelas demais do país como preguiçosas, notadamente no discurso das elites paulistas ou dos estados do Sul do país que, ao substituir com sucesso o trabalhador escravo pelo trabalhador europeu, incorporou à sua imagem a ideia de que é uma população particularmente devotada ao trabalho, por herdar este traço dos imigrantes europeus e brancos aí aportados, o que não deixa também de ser uma manifestação de racismo.

Durante todo o século XIX, as elites brasileiras, que construíram para si a imagem de ser brancas e europeias vivem um dilema que só se acentua ao longo do século, à medida que as pressões internacionais para o fim escravidão vão se acentuando, que sabem que a instituição está condenada, mas tentam protelar o máximo possível o seu fim. Ao lado desta defesa da escravidão como instituição, que é contestada internamente por outros setores das elites, notadamente pelas nascentes classes médias urbanas, vão se disseminar no país as teorias raciais de origem europeia que colocam o negro ocupando o mais baixo estágio quando se trata da evolução humana e que consideram sua presença na sociedade brasileira um obstáculo para o progresso e para a civilização do país. Embora alguns considerem que era a escravidão que aviltava os negros, a maioria tende a considerar que é a raça negra que traz em si mesma uma inferioridade biológica e psicológica que se transmitia para a sociedade brasileira, notadamente através da mestiçagem, fruto das relações sexuais entre brancos e negros, que sempre fizeram parte da própria instituição escravista no país, afinal os brancos eram donos dos corpos dos negros, seja para o trabalho, seja para a tortura e o castigo, seja para qualquer outra finalidade que quisessem dar, como o sexo e a procriação.

No momento de se definir quem era o povo brasileiro, quem fazia parte de nossa nacionalidade e de nossa civilização, a tendência majoritária no século XIX foi a de excluir a população negra. Muitas soluções foram apontadas para o que se considerava ser a questão negra, desde a ideia de repatriar os ex-escravos de volta à África, até a ideia de apostar no branqueamento progressivo da população, graças à mortalidade da população negra, ao fim do tráfico de escravos e à introdução de imigrantes europeus brancos, somados ao fato, que era considerado "científico", na época, de que cada vez que se dava um cruzamento de um indivíduo da raça negra com outro da raça branca, a tendência era que o descendente fosse mais branco, por causa da prevalência genética da raça superior, leitura particularmente brasileira da teoria da mestiçagem elaborada na Europa. Qual o lugar a ser ocupado pelos negros na sociedade brasileira? Qual a participação que estes tiveram na formação de nossa sociedade, de nosso Estado e de nossa cultura? São questões que continuarão a ser debatidas ao longo do século XX, com interpretações bastante diversas e com a participação crescente de intelectuais mestiços ou negros. Mas o que seria nosso rosto ou nosso corpo negro tanto continua até hoje a ser motivo de discursos que o tomam como uma marca de nossa nacionalidade, de nossa cultura, como continua a provocar discursos envergonhados e vergonhosos, preconceituosos, que o consideram responsável por nossa pretensa preguiça, por nossa pretensa disposição para a festa e não para o trabalho, pelo que seria nossa sensualidade e erotismos escandalosos, quando não doentios.

Sairá da pena de nossos escritores realistas e naturalistas, dos ensaístas e eruditos ligados à chamada geração de 1870, que reagirão à interpretação romântica dada ao país, os primeiros escritos em que a situação social, não apenas dos escravos e dos negros, mas das populações rurais do país, dos próprios homens pobres livres, será tratada de modo contundente. A visão edulcorada da natureza brasileira será substituída pela atenção para aquela sociedade escravista que vivia seus estertores, para o que consideravam a superficialidade da civilização brasileira, para a crise crescente de um Império em seus últimos dias, para a artificialidade do modo de vida das elites brasileiras, encantadas com as últimas modas europeias, incapazes de compreender o país, o que se passava a sua volta. O Brasil das matas, das cachoeiras, do luar do sertão, do céu estrelado, da brisa e do verde do mar, vai dar lugar ao Brasil dos cortiços, da miséria, das taras de suas elites, da degradação moral e da corrupção política, imagens que também nos marcam fortemente ainda hoje, seja aqui, seja lá fora. Os romances de Machado de Assis, aquele que mais tarde irá fundar a Academia Brasileira de Letras, de Aluízio Azevedo, de Franklin Távora, os ensaios de Silvio Romero vão traçar uma nova geografia para o Brasil, na qual a idealização romântica é substituída pelo que consideram ser a nossa mais crua realidade, o nosso mais mesquinho cotidiano. Apoiados, alguns deles, numa retórica cientificista, buscando em teorias naturalistas as explicações para o que se passava na sociedade brasileira, tomando a raça e o meio como conceitos nucleares para se explicar o Brasil, alguns destes autores, como é o caso de Romero, procura valorizar positivamente a mestiçagem, garantindo que esta não apenas eliminaria progressivamente as raças inferiores, mas também daria ao país uma população com característticas físicas e culturais próprias. A mestiçagem nos particularizaria, tema que será retomado com muito sucesso no século XX, por autores como Gilberto Freyre e Darcy Ribeiro. Sermos mestiços no corpo e na alma nos tornaria diferentes não só das nações brancas, mas de nossos próprios vizinhos onde não seria significativa a contribuição africana. O mito das três raças é retomado e transformado no mito da mestiçagem, que explicaria, inclusive, a nossa índole conciliadora, à medida que tenderíamos sempre para ver as distintas posições através de sua média, de sua mistura. A ideia de que somos um povo pacífico e conciliador ganha foros de verdade e continuamos repetindo isso, esquecendo as agressões que fizemos aos nossos vizinhos, no século XIX, ou o enorme genocídio de índios e negros que serviu de base para a construção de nosso país. Encontramos, no entanto, em Machado de Assis, talvez por ser um mestiço, uma certa desconfiança em relação a estas teorias médicas e biológicas que procuravam explicar a sociedade através da influência de fatores como a raça, o clima, o relevo, o tipo de solo, de vegetação etc. Em seu livro *O alienista*, Machado traça uma arguta crítica, com aguçada ironia, do poder médico, da pretensão das teorias científicas em explicar a variedade do comportamento humano, de possuírem a palavra final sobre todos os fenômenos naturais ou humanos que ocorriam a sua volta. A mitificação da ciência e da tecnologia, típica deste final de século XIX, onde a burguesia parece fascinada pela grandiosidade dos próprios instrumentos mecânicos que foi capaz de criar, o que fica claro nas chamadas Exposições Universais, época do trem, do telégrafo, do daguerreótipo, parece não convencer nosso cético escritor, que vê com bastante desconfiança estas promessas prometéicas de solucionar os problemas, que para Machado pareciam advir da natureza humana, da qual parece não possuir bom conceito. A ciência e a técnica, como construções humanas, não poderiam resolver os problemas que advinham de nossa condição de seres intrinsecamente pecadores e maldosos.

Com o fim da escravidão e a proclamação da República ressurge a necessidade de não apenas elaborar projetos para o país, como a necessidade de reelaborar aqueles discursos que haviam definido o que seria a nossa identidade e a de nosso povo. Esta última questão se torna premente à medida que o regime republicano, embora tenha mantido grande parte da população excluída do processo político, já que a Constituição de 1891 não conferia o direito de voto aos analfabetos, aos menores de 18 anos, às mulheres e aos militares, se apoiava na ideia de que era um regime político no qual o povo tinha a última palavra, por isso era necessário, afinal, saber quem era este povo. Os movimentos abolicionista e republicano não tiveram caráter popular, contaram fundamentalmente com a adesão de parte da emergente classe média urbana, dos intelectuais e militares, de setores descontentes das elites agrárias e das nascentes elites comerciais e industriais, sem descartar a participação, de modo minoritário, de algumas lideranças populares. Este conteúdo social irá se refletir nos resultados que alcançaram cada um dos movimentos. Embora havendo vozes em contrário, se a Abolição não contemplou os grandes proprietários de terras com uma indenização, como reivindicavam, o que os levou a retirar o apoio ao Império e facilitar a realização do movimento militar que levou à República, aos ex-escravos nenhuma compensação também foi dada, nem mesmo o acesso à terra, como defendiam setores abolicionistas. Eles, de uma hora para a outra, passaram a formar uma população livre, mas excluída de qualquer benefício, tendo que optar em se manter nas atividades que já realizavam, em troca muitas vezes de favores e não de salários, ou buscarem alternativas informais, notadamente nos centros urbanos, para sobreviver. A abolição, tal como ocorreu, em vez de integrar os negros à sociedade brasileira, como cidadãos, como formalmente passaram a ser, reafirmou a sua exclusão, e sua inserção terá que se dar de forma paulatina e dolorosa no século seguinte, processo que ainda está longe de ser concluído. Para chegar a esta conclusão, basta olharmos para qualquer estatística que se refira aos níveis salariais percebidos pela população afrodescendente, ao tipo de ocupação que exerce ou a presença desta população no ensino superior e nas carreiras de maior prestígio no mercado de trabalho.

O movimento que levou à proclamação da República também terá como consequência mais imediata a exclusão de grande parte da população da participação política, a que já nos referimos. O episódio final do movimento foi capitaneado por setores do Exército, descontentes com o que consideram ser o desprestígio que sofriam os militares por parte do Império, que havia punido pronunciamentos públicos de membros da caserna em favor do abolicionismo ou do republicanismo. A vitória na Guerra do Paraguai havia dado um destaque ao Exército, que antes ainda não tivera, e este passa a reclamar por uma maior atenção por parte do governo central, motivo do apoio ao movimento republicano de figuras influentes na tropa que, além disso, estavam entusiasmados pelo pensamento positivista, que se caracterizava por defender algumas ideias caras a este setor, como: a prevalência da ordem e sua necessidade como fundamento para o progresso, lema que irá aparecer na bandeira nacional mandada elaborar pelos republicanos; a crença na ideia de que um Estado forte, regido por uma elite esclarecida e dotada de valores morais inatacáveis, seria capaz de transformar a sociedade e o próprio povo que, em nosso caso, precisava ser ainda criado, investindo em sua civilização e educação, já que era constituído por uma massa de mestiços e agora de ex-escravos que estiveram afastados de qualquer benefício trazido pelo processo civilizatório. Esta visão autoritária logo se revelará nos primeiros governos republicanos, em que dois generais, Deodoro da Fonseca e Floriano Peixoto, estarão à frente do regime e enfrentarão resistências de todo tipo, desde aquelas advindas dos setores ligados ao regime deposto, como daqueles setores das elites agrárias interessadas em dominar diretamente a administração do país, ou mesmo de setores populares, descontentes com os rumos tomados pelo regime. Estes descontentamentos só tendem a se acentuar, principalmente entre aqueles que acreditaram que a República viria trazer mudanças profundas na situação política e social do país, quando o regime vai abrigando, em seu seio, grande parte daqueles que até a véspera prestavam homenagens ao Imperador. Em muitos Estados, o que se viu foi figuras proeminentes da política, no tempo do Império, assumirem o controle da situação política em nome do novo regime, o que se acentuava de forma flagrante em nível municipal.

Também nos discursos que visam legitimar o novo regime, alguns elementos centrais daqueles elaborados pelo regime anterior vão permanecer. No campo historiográfico, a criação de Institutos Históricos nos Estados, se contribuiu para a produção de uma história local, voltada em grande medida para definir as identidades estaduais, num regime que se caracterizava por um federalismo amplo, onde as elites dominantes em cada unidade da federação passam a ter uma importância decisiva na política nacional e buscam construir um discurso que justifique seu domínio sobre cada estado, lançando mão, para tanto, da história, no entanto não logrou se diferenciar da historiografia produzida pelo IHGB no século anterior, mantendo, em linhas gerais, as orientações dadas pela obra pioneira de Varnhagen. Esta vai ser corrigida e anotada longamente por outro importante historiador, Capistrano de Abreu, mais afeito às orientações presentes na chamada geração de 1870, com profundas marcas do chamado método crítico, introduzido pelo pensamento rankeano ou pela escola metódica, da chamada antropogeografia, na qual a presença do determinismo geográfico e dos primeiros estudos sociológicos se faz sentir. Capistrano, coerente com o novo momento político vivido, irá reformular a interpretação de Varnhagen em torno da Inconfidência Mineira, que passa a ser tomada como um símbolo da luta dos brasileiros para se livrar do jugo português, com a consequente entronização de Tiradentes à condição de herói nacional, fazendo de Minas Gerais, que adota o símbolo daquele movimento como símbolo do Estado, levando-o para a bandeira estadual, o berço de nossa independência, e dos políticos mineiros o símbolo da sabedoria e da astúcia política, qualidades que poderão dar mostras por um longo tempo, ao praticamente monopolizarem a política republicana, juntamente com as elites paulistas, por quase quatro décadas. Filho de uma outra área do país, já que era cearense, área periférica no que tange à economia agrário-exportadora prevalecente na colônia e no Império, Capistrano vai chamar atenção para o interior do país, para a formação territorial brasileira, para os caminhos e vias de penetração que levaram ao que chamava de povoamento dos sertões. Vai dar a devida atenção à atividade da pecuária, atividade subsidiária, mas indispensável, para a manutenção das populações que se dedicavam à produção agrícola para a exportação e para a atividade mineradora, as quais forneceu não apenas as proteínas necessárias para a sobrevivência, como boa parte dos meios de transporte e força motriz, abordando o que chamou de civilização do couro. Esta atenção para com o homem do interior está a par com alguns acontecimentos que, desde o final do século anterior, haviam chamado a atenção para o abandono em que estas populações se encontravam, não tendo acesso praticamente a serviços públicos e sendo a presença do Estado praticamente inexistente, estando estas populações entregues aos mandos e desmandos dos potentados locais, que mantinham entre si prolongadas guerras, nas quais o Estado não conseguia interferir, e que a adoção do regime republicano, com a ampliação do direito de voto, só viera acirrar. Além das secas periódicas que assolam o sertão do Norte do país, matando gados e pessoas, que passam a ter maior visibilidade desde o que as elites locais a chamaram de grande seca em 1877-1879, destaca-se o episódio do levante de Canudos, onde as tropas do orgulhoso Exército brasileiro, recém-promotor do golpe que instalou o regime, são duramente derrotadas por seguidores de um pregador e profeta popular, chamado por eles de Antônio Conselheiro. Este episódio, transformado em tema de um livro que logo se tornou clássico, *Os sertões*, escrito por um engenheiro e jornalista, formado nas escolas militares, entusiasta do positivismo e do regime republicano, Euclides da Cunha, será o maior testemunho de que o Brasil litorâneo, o Brasil das cidades, o Brasil de suas elites que se consideravam brancas e que só tinham olhos para a Europa, não conheciam o país e seu povo, não eram capazes de elaborar políticas que fossem além do atendimento de seus interesses particulares. Esta obra vingadora de Euclides dá origem assim, nas letras brasileiras, a um novo sertanismo, diferente daquele idealizado pelos românticos, no século anterior. O homem do sertão passa a ser visto como aquele que pode representar verdadeiramente a nacionalidade, pois não estaria deformado pelas influências deletérias vindas da vida urbana e do cosmopolitismo de imitação. Segundo Euclides, o sertanejo não era um degenerado, como as teorias raciais faziam crer, mas um retardado, um homem atrasado em relação ao relógio que marcava o tempo da civilização. E, num momento em que as primeiras nuvens sombrias pareciam obscurecer o céu da *belle époque*, em que as dúvidas quanto ao futuro da civilização começam a povoar muitas cabeças, aqui e em outros países, poderia residir neste homem, visto agora como detentor da alma verdadeiramente nacional, a esperança da civilização brasileira, por ser um mestiço, no corpo e na cultura, mestiço que não tem a inconveniência, como ocorria com os mestiços do litoral, de ter em seu corpo grande dose de sangue negro.

A ascensão e o domínio político de São Paulo, produtor hegemônico da maior riqueza nacional, o café, sobre a República, consagrada já com a eleição do primeiro presidente civil, Prudente de Moraes, também alimentarão este novo interesse pelo sertão e pelo sertanejo, como temáticas a partir das quais se buscava escrever uma nova interpretação da história do Brasil e se pensar as questões, nunca respondidas, de qual seria o caráter da nação e de seu povo, conceito biológico bem afeito às teorias prevalecentes na época. O discurso da paulistanidade, que também busca, agora, entender e legitimar este domínio e esta hegemonia paulista, vai eleger o bandeirantismo e a conquista do interior como temas nucleares para a construção de sua história. A cidade de São Paulo, capital do agora próspero e poderoso estado de São Paulo, fora um dos poucos núcleos populacionais que se implantaram no interior da colônia, antes do século XVII e do surgimento da economia mineradora. Núcleo populacional, surgido em torno de aldeamento indígena realizado pelos padres jesuítas, exerceu, durante toda a colônia, um papel subsidiário na economia colonial, já que sua população, além de se dedicar às atividades de subsistência, adotou como modo de sobrevivência a realização do que ficou conhecido como bandeiras, ou seja, incursões pelo interior, favorecidas pelo fato pouco comum de que o rio Tietê corria para o interior e não para o litoral, destinadas ao apresamento de indígenas para a venda como escravos e à procura de metais preciosos. As bandeiras também se colocaram a serviço da administração colonial para o ataque a populações indígenas consideradas selvagens e agressivas ou a ajuntamentos de escravos fugitivos, os chamados quilombos, oportunidade em que reivindicavam e recebiam importantes doações de terras em forma de sesmarias. O fato era que os paulistas teriam, segundo esta interpretação da história do país, sido uma população desde muito cedo voltada para o interior do país, seriam sertanejos ou sertanistas que, assim como a geografia do planalto onde estava encravada a cidade, estavam de costas para o litoral e para o exterior, representando assim o núcleo formador de nosso sentimento nacional. Além do mais, os bandeirantes teriam sido responsáveis pela ampliação, quando não pela formação do território brasileiro, ao não respeitarem a linha divisória de Tordesilhas, que separava as possessões portuguesas das espanholas, incorporando, através da ocupação do interior, do afugentamento dos índios bravios e dos negros rebelados, grande parcela do que seria hoje o Brasil ao processo de civilização. Esta centralidade do homem do interior terá também outros desdobramentos como: os estudos de seus costumes e manifestações culturais, com um Amadeu Amaral;

a crítica ácida de suas condições de existência e do que parecia ser sua preguiça, na figura do Jeca Tatu de Monteiro Lobato; ou mesmo um caipirismo, em versão cômica, de um Cornélio Pires, em que as diferenças culturais entre este homem do interior e o homem da cidade, de suas formas de falar e de se comportar, vistos por um olhar citadino que busca nesta diferença motivo para riso e troça, vão construir o estereótipo do caipira, ainda muito arraigado em nossa cultura, tão bem encarnado, mais adiante, no cinema, por Mazzaropi. O caipira é visto e dito como um homem simplório, puro, analfabeto, malvestido e pobre, que não domina os códigos de civilidade presentes na cidade. Ele é fruto do emergente processo de urbanização estabelecido no país, motivo de orgulho e centro de definição da identidade paulista, com o movimento modernista. A cidade e o citadino geram o caipira, como seu contraponto estereotipado e preconceituoso. Ser ou vir do campo passa agora a marcar negativamente as pessoas, que passam a ser vistas como necessariamente ignorantes, desinformadas, atrasadas, conservadoras, quando não bobas, rudes e violentas.

Embora tenha produzido grande parte de sua obra no Rio de Janeiro, não foi por mera coincidência que a obra de Capistrano de Abreu encontrou muitos admiradores e seguidores em São Paulo. Afonso de Taunay, Francisco Elis Júnior, Paulo Prado, que foram importantes nomes na construção desta leitura paulista da história brasileira, onde aparece enfatizada a obra de ocupação do interior do país pelas populações branca e mestiça, são admiradores da obra do autor cearense, a exemplo de seus continuadores, nos anos 1930 e 1940, Cassiano Ricardo e Sérgio Buarque de Hollanda. Esta atenção ao sertão e ao sertanejo também vai se dar nos estados do Norte do país, onde surge uma literatura e estudos dedicados à história, ao folclore e à pesquisa etnográfica voltados para não só incluir estas populações esquecidas na história nacional, mas tomá-las como a expressão do que havia de mais autenticamente nacional, retomando o que fizera poucos estudiosos da geração anterior, como um Silvio Romero. Autopsiar as manifestações literárias, artísticas e culturais, os costumes, os hábitos, as festas, os rituais destas populações e trazê-los para o interior de uma produção erudita ou acadêmica foi a ambição de autores como Gustavo Barroso, Luís da Câmara Cascudo, Leonardo Mota, Antônio Sales, Rodolfo Teófilo e Domingos Olímpio, entre outros.

Mas o surgimento do fenômeno urbano, das primeiras grandes cidades no país, não produz apenas a emergência do estereótipo do caipira ou do camponês, como um ser que agora representa o atraso ou o passado e a tradição, dependendo de que leitura se faça. O declínio das elites agrárias ou mesmo a ascensão das novas gerações destas elites, agora educadas na cidade, vai tornar o próprio mundo urbano um universo de observação, sendo descobertas, em seu interior, algumas fronteiras, separando, por exemplo, o espaço do trabalho do espaço da boemia ou da marginalidade, o espaço das pessoas "direitas" do espaço das pessoas suspeitas, o espaço da lei do espaço da contravenção, o espaço da ordem do espaço da desordem. Autores como Lima Barreto ou João do Rio vão se dedicar a mostrar estes outros lugares da cidade, enquanto um por sua condição econômica e racial, que já o colocava do outro lado da fronteira, o outro talvez por sua condição sexual, que o faz em suas excursões ou rondas noturnas se encontrar com estes outros seres que habitavam o mundo urbano. Nem bem as metrópoles começavam a surgir no Brasil e com elas já emergiam fronteiras que provocariam muitas tensões, conflitos, violência e preconceito. A cidade do Rio de Janeiro, capital da nascente República, espaço privilegiado pelo olhar destes dois autores, ao mesmo tempo em que se embelezava à europeia, num grande projeto de reforma urbana realizada pelo prefeito Pereira Passos, tentando dar à capital do país ares parisienses, via destruída a moradia de milhares de populares, muitos deles ex-escravos, que habitavam grandes cortiços, no centro da cidade, que serão demolidos para que se construam as novas grandes avenidas. Esta população subirá os morros próximos e estabelecerá as primeiras favelas, nome dado em homenagem a um dos primeiros grandes feitos da República, que fora a destruição do arraial de Canudos, com o genocídio de sua população, que bravamente resistira em sua "Troia de taipas", como chamou Euclides da Cunha. Favela, nome do morro onde esta Troia estava construída, que será residência, agora, de muitos dos bravos soldados que haviam defendido a República contra aquela suposta ameaça monarquista. Como se vê, não é um episódio recente ser a favela o endereço de muitos dos bravos defensores da ordem no Brasil, daqueles, evidentemente, de origem popular. O favelado, mais um personagem a sofrer o preconceito pelo seu lugar de moradia no Brasil, surge neste momento; seu aparecimento é um dos primeiros eventos republicanos no país.

Neste início da República foram resolvidas, com a atuação destacada de uma proeminente figura do Império recém-decaído, o barão do Rio Branco, que dará nome a mais moderna avenida da capital recém-reformada, símbolo da modernidade e civilização trazido pelo novo regime, as últimas questões de fronteiras com nossos vizinhos. Além de estabelecer definitivamente os limites com a Guiana Inglesa e com a Guiana Francesa, definindo as fronteiras destes territórios com os atuais estados de Roraima e Amapá, Rio Branco terá que resolver a questão gerada pelas disputas em torno da extração do látex da seringueira, entre brasileiros e bolivianos, que terminam por levar a um levante civil e militar comandado pelos extratores da borracha brasileiros que passam a controlar militarmente, após derrotarem as tropas bolivianas, o território que já controlavam economicamente e que daria origem ao atual estado do Acre. Este episódio, além de ter custado aos cofres brasileiros duas mil libras esterlinas de indenização, custou muitas vidas de trabalhadores brasileiros e estrangeiros que se empenharam em realizar um dos itens do Tratado de Petrópolis, a cidade de clima europeu em que a família real passava férias de verão e que serviria de palco para a celebração de um dos primeiros tratados internacionais da República, que era a construção de uma estrada de ferro ligando o rio Madeira, no atual estado de Rondônia, ao rio Mamoré na Bolívia. Este episódio terá como consequência também o surgimento de uma visão hostil e preconceituosa dos brasileiros em relação aos bolivianos, vistos como um povo feio, ignorante, traiçoeiro, preguiçoso, sujo, características que vêm a se somar, em nossos dias, aos de contrabandistas e traficantes de droga. As vitórias militares e diplomáticas do Brasil, em relação aos seus países vizinhos, serviram para alimentar entre nós certa visão de superioridade, certa arrogância, que nos faz olhar com preconceito e desprezo para os povos sul-americanos.

A Primeira Guerra Mundial e a crise da chamada civilização europeia, que nossas elites buscavam copiar e da qual se consideravam pertencentes, vão levar à necessidade de repensar mais uma vez a brasilidade, o nosso lugar no mundo, nossa nacionalidade. A concorrência imperialista, da qual a guerra foi uma consequência visível, leva as elites dos países considerados mais frágeis, como era o caso do Brasil, a temerem a perda da soberania nacional. Isto faz emergir movimentos de cunho nacionalista, de caráter defensivo, como fica explícito no nome da instituição criada quando da guerra pelo escritor Olavo Bilac, a Liga de Defesa Nacional. Este ressurgir do nacionalismo vem acompanhado da percepção de que, com a crise na Europa, a América e os países americanos viriam a representar um novo papel na política e mesmo no processo de civilização em curso no mundo. A ascensão econômica de países como os Estados Unidos e o Canadá parecia ser indício do novo lugar que o continente viria a ocupar no cenário internacional. Os Estados Unidos começaram a aparecer como a nova inspiração em termos de caminho a ser seguido no plano político, econômico e cultural. A nossa primeira constituição republicana já tivera a daquele país como modelo. Pela primeira vez, alguns filhos de famílias abastadas e importantes politicamente começam a fazer seus estudos em universidades norte-americanas, como foi o caso de Gilberto Freyre. Mas este americanismo em expansão, que faz com que se reduzam os enormes complexos de inferioridade que tínhamos em relação aos europeus, estimula a reflexão sobre o papel que o Brasil poderia exercer nestes novos tempos. Agora a dicotomia entre velho e novo mundo, que antes marcava o novo mundo negativamente, como falta de experiência e de profundidade em seu processo civilizatório, parece ter o seu sinal invertido. Velho agora passa a significar decadente, distanciado do espírito da época, incapaz de acompanhar o processo desencadeado pelo avanço das tecnologias, das ciências e das atividades econômicas. Neste momento, possuir uma civilização que era velha fazia com que a Europa não tivesse a flexibilidade necessária para acompanhar os novos processos econômicos e sociais. Arraigada a uma longa tradição, possuindo valores, costumes e concepções políticas, filosóficas e culturais de longo passado, o continente parecia não conseguir acompanhar os desafios do tempo presente. Na América, tudo estava por fazer, havia espaço para a novidade, a criatividade, a inventividade, para a vontade de arriscar, de aventurar, bem de acordo com os ditames da economia burguesa em fase de expansão. Na América tudo era novo, tudo estava por construir. Enquanto na Europa a palavra agora era reconstrução ou desconstrução do estatuído, na América a palavra era a construção do novo. Este discurso sobre a América será a pedra de toque da construção da identidade dos Estados Unidos, que após um século em que completara sua formação territorial, com a chamada conquista do oeste, a compra de territórios a Espanha, a França e a Rússia, a vitória na guerra contra o México e a incorporação de boa parte de seu território e, mais recentemente, a incorporação de ex-colônias espanholas, após derrotar aquele país na guerra de 1898, durante e com sua participação na Primeira Guerra Mundial haviam se tornado a potência hegemônica do capitalismo. Os Estados Unidos passarão a ser a América, a metonímia do continente inteiro, fórmula que é repetida até hoje, terra de oportunidades, terra aberta a todos que queiram aí investir seu capital ou seus esforços, sua força de trabalho. Terra sem tradições, por isso terra receptiva a todas as culturas, a todos os povos que aí queiram construir suas vidas. Terra nova, onde tudo está por fazer e, portanto, onde todas as experiências e experimentalismos são possíveis. No final do século XIX, o pragmatismo de um filósofo como William James ou a história escrita por um historiador como Frederick Turner, servem para dar consistência cultural a esta nova identidade americana, prática e voltada para dentro de si mesma, distanciada de qualquer reverência à velha Europa. A América dos norte-americanos incluía os latino-americanos como satélites que deveriam girar em torno do astro-rei. A América para os americanos, da doutrina Monroe, do início do século XIX, tornava-se agora, com Theodore Roosevelt (1901-1909), o *Big Stick*, o grande porrete, que não só tratava os vizinhos do sul como crianças que deveriam ser cuidadas e veladas, mas também controladas e castigadas pelo "grande irmão" do Norte, sempre pronto a neles intervir quando seus interesses fossem ameaçados. Se as elites latino-americanas temiam por sua segurança, nada melhor do que entregá-la às responsabilidades e cuidados do irmão invejado, mas também temido. Seremos, a partir daí, os irmãos menores, às vezes travessos, atrasados, pouco civilizados, produtores de bananas ou de café, exóticos, coloridos, rústicos, uma massa de rostos mestiços, iguais e indiscerníveis, nunca porém podendo ser rebeldes em relação ao irmão mais velho, sempre pronto não apenas a despachar seus negociantes, embaixadores e banqueiros para cuidar de seus interesses junto a estes países, mas também, quando se fizer necessário, os seus soldados ou mesmo seus mercenários, para resguardar os interesses do grande irmão em qualquer país abaixo do rio Bravo.

  No Brasil, esta redescrição do que seria a brasilidade, mais a par com as transformações trazidas pelo conflito mundial que se encerrara a pouco e o novo lugar reservado agora ao novo mundo, será feita pelo movimento modernista. Embora tenha se apropriado das formas de expressão que emergem com os movimentos artísticos e literários dos modernistas europeus, sendo acusados por alguns nacionalistas, como Monteiro Lobato, ou pelos participantes do chamado movimento regionalista e tradicionalista do Recife, de ser mais um episódio, na longa lista, de movimentos culturais que copiavam modelos estrangeiros, os modernistas vão procurar tratar de temáticas que seriam nacionais, realizando pesquisas das nossas chamadas tradições culturais, buscadas entre as manifestações culturais populares. Mário de Andrade, importante liderança do movimento, por exemplo, quando dirige o Departamento Municipal de Cultura de São Paulo, percorre algumas regiões brasileiras buscando recolher materiais e formas de expressão populares, para compor uma nova maneira de dizer e fazer ver o Brasil. O movimento iniciado com a Semana de Arte Moderna de São Paulo, em 1922, expressava, na verdade, no campo cultural, a hegemonia econômica e política deste estado e a tendência de suas elites de se considerar a locomotiva que puxava o restante da nação. A identidade paulista passa a ser descrita a partir da temática do moderno e do novo; o trabalho, a indústria e o fenômeno urbano passam a ser os ícones que agora definem a paulistanidade. Assim como sua geografia apontava, São Paulo estaria acima alguns metros do restante do Brasil. A arte feita pelos modernistas consagrava como um dos seus temas o próprio fenômeno da modernização, trazendo pela primeira vez para a imagem do país os artefatos urbanos e tecnológicos, apanágio do capitalismo industrial nascente. Aquela imagem do Brasil apoiada na natureza, na vida rural, no sertão, que havia sido construída pelos românticos, passa a ser alvo de crítica por parte dos modernistas. Bem como aquela linguagem artística postiça, sem nenhum vínculo com a realidade nacional, das escolas parnasiana e simbolista. Os modernistas vão procurar adotar o que seria uma forma brasileira de escrever ou de se expressar. É com os modernistas que se desata uma polêmica que entrará pelos anos 1930 e 1940 sobre a chamada questão da língua nacional, que será inclusive motivo da realização de congressos que visam definir se teríamos uma língua própria e qual seria ela, se falávamos um dialeto do português e qual forma de falar regional representaria melhor a nacionalidade linguística.

A busca por definir o lugar próprio do Brasil, neste novo contexto que se abria, com o que se considerava ser a decadência da Europa, faz com que as elites brasileiras voltem seus olhos para a pesquisa do que seria nossa realidade, do que seria nossa cultura, do que seria nosso povo. Neste contexto o mito das três raças e a interpretação da história e da cultura brasileiras a partir da temática das três raças, vão ganhar novo alento. A mestiçagem vai se tornar o conceito a partir do qual se buscará explicar e encontrar a nossa singularidade no mundo. A República trará, pela necessidade de se diferenciar do Império, a volta da visão negativa sobre o processo de colonização realizado aqui. Chamando a atenção para a origem portuguesa de nossa família imperial, reacenderá antigas críticas e ódios que foram típicos do período pós-independência. Este antilusitanismo, que gerou conflitos de rua e uma produção satírica contra os portugueses, produção que os tornará tema privilegiado de nossos chistes e piadas, foi acentuado pela migração em massa de portugueses para o Rio de Janeiro. Eles passam a disputar com os brasileiros lugar no mercado de trabalho e em outros aspectos do cotidiano da cidade, como a moradia e o próprio mercado amoroso, gerando tensões e estigmas em relação a esta população, vista com preconceito. No entanto, os modernistas tratarão de revalorizar a contribuição portuguesa, considerando-a parte importante da formação de nossa nacionalidade e de nossa cultura.

Mas a grande contribuição modernista será a incorporação da contribuição africana para a cultura brasileira. Mesmo que no cotidiano os negros tivessem de conviver com a repressão e o preconceito em relação a suas manifestações culturais, como a capoeira, o candomblé ou o samba, que estava emergindo como gênero musical, os modernistas trarão para suas telas este rosto negro do país, do qual tanto as elites se envergonhavam, e a mulata começa a emergir como símbolo de nossa particular sensualidade, com destaque nas telas de um Di Cavalcanti. Os modernistas serão responsáveis por dar ao mestiço brasileiro, notadamente ao mulato, este lugar de destaque no imaginário nacional, embora que este seja tratado de uma forma que trará como consequência alguns preconceitos, ou seja, o mulato quase sempre é destaque por sua sensualidade ou por sua astúcia e matreirice, o que o coloca ora no campo da natureza e da animalidade, ora o coloca no campo do julgamento moral negativo. É assim que este é tratado, por exemplo, no livro *Juca Mulato* de Menotti del Picchia. O próprio livro clássico do movimento, *Macunaíma*, de Mário de Andrade, toma o tema da mestiçagem como central para falar da trajetória do povo e da cultura brasileira. Mas a mestiçagem não será mais abordada acentuando-se as questões raciais ou biológicas, na versão modernista será mais uma mestiçagem cultural. Nele o Brasil aparece como um corpo mestiço em suas gentes, mas principalmente em sua cultura. Mas se os teóricos das raças pensavam a mestiçagem como um estágio intermediário, de passagem para um estágio posterior de definição de uma nova composição racial, para Mário e para os modernistas o estágio mestiço ou compósito de nossa cultura fazia com que esta ainda estivesse vivendo um momento de indefinição, a mestiçagem fazia com que esta estivesse em gestação, mas não estivesse definitivamente formada, o Brasil ainda era um país sem caráter cultural definido, daí porque Macunaíma, que durante seu percurso da mata virgem à cidade, encarna em momentos distintos as diferentes etnias que formaram os brasileiros, era um herói sem nenhum caráter. A cultura brasileira ainda vivia um estágio de formação, de elaboração, de construção, tarefa para a qual Mário convocava as novas gerações das elites brasileiras. O modernismo, tal como Mário define o movimento retrospectivamente em texto dos anos 1940, é construído a partir do mito da fundação ou da refundação do Brasil. Um novo Brasil nascera depois do modernismo, versão que continua sendo repetida em nossos livros de história da literatura ou mesmo de história do Brasil. Esta centralidade da narrativa modernista sobre a história da cultura brasileira acompanha a própria centralidade adquirida por São Paulo na política e na economia do país e é um elemento importante para entendermos alguns preconceitos de origem geográfica no Brasil, como veremos mais adiante, à medida que São Paulo vai aparecer como o lugar onde a cultura brasileira é moderna e antenada com o que de mais avançado acontece, enquanto às outras áreas do país será reservado o lugar da tradição e da preservação do passado. Tal como se definiram os modernistas, São Paulo vai ser pensado por esta produção cultural, como sendo a vanguarda do país, onde as novidades ocorrem, enquanto as demais regiões do país seriam apenas atraso e descompasso em relação ao novo e ao moderno, seriam o lugar do folclórico, tal como foram vistas pelo olhar de Mário de Andrade e aqueles que o receberam em sua viagem de turista aprendiz.

Mas é inegável que os modernistas expressavam um novo momento vivido pelo país, advindo da emergência, entre nós, da sociedade urbano-industrial. A cidade é um novo elemento na vida do país, a população urbana crescente, a emergência de novos grupos sociais que não mais estão ligados à vida rural, como a burguesia industrial e financeira, a classe operária e a classe média, compostas de profissionais liberais e funcionários públicos, requer a incorporação desta temática à imagem e texto do país. Já não se pode mais falar do Brasil ou tentar retratá-lo sem tratar ou procurar retratar suas cidades, com suas chaminés de fábricas, com o bonde ou o trem, com as gares e os reclames de jornal. O Brasil se modernizava, novos interesses políticos emergiam, os emergentes movimentos sociais urbanos ou mesmo aqueles que surgiam no campo, como o cangaço, mostravam que o sistema político assentado no domínio das oligarquias agrárias dava cada vez menos conta de integrar em seu interior os novos grupos sociais emergentes, notadamente a classe média. A crise do sistema oligárquico e a crise econômica que se seguiram à desvalorização crescente, no mercado internacional, de nosso principal produto de exportação, o café, cujos preços foram mantidos artificialmente elevados durante um bom tempo pela ação do Estado, que recorreu a seguidos empréstimos internacionais para comprar os estoques excedentes, política que se mostraria inviável, no momento em que a crise mundial do capitalismo, representada pela quebra da bolsa de valores de Nova York em 1929, tornou impossível novos empréstimos, levaram ao movimento de 1930, chamada por seus realizadores de revolução, embora dela tenha participado oligarquias descontentes e seu caráter popular tenha sido limitado. Embora não tenha sido este corte radical na história do Brasil, como quiseram fazer crer os discursos que se seguiram ao movimento e que buscavam legitimá-lo, discurso repetido por muito tempo pela própria historiografia brasileira, simbolicamente, o movimento de 1930 significou a passagem de um Brasil voltado ainda para o exterior, um país dirigido por elites europeizadas, quando não atrasadas e incompetentes, para um Brasil voltado para si mesmo, buscando encontrar seus próprios caminhos políticos e culturais, administrado por uma nova geração de burocratas, de bacharéis, que estariam mais antenados com o que se passava no mundo. Os velhos coronéis abriam lugar para uma geração moderna e modernista que iria implantar um Estado novo e abrir espaço para que novas forças no país viessem à tona.

Este novo clima cultural seria representado por um intenso interesse em se estudar o Brasil, uma espécie de redescobrimento do país. O nacionalismo presente nos discursos oficiais vai ter como consequência o estímulo à pesquisa sobre a formação da sociedade brasileira, que resultará na publicação de obras clássicas como *Casa--grande e senzala* de Gilberto Freyre, *Raízes do Brasil* de Sérgio Buarque de Hollanda e *Formação do Brasil contemporâneo* de Caio Prado Jr., que faziam uma releitura da história do Brasil, que em muitos aspectos rompiam com aquela realizada pela produção do Instituto Histórico e Geográfico Brasileiro, notadamente na versão de Varnhagen. Para afrontar os desafios que se abriam para a sociedade brasileira, neste momento, era preciso entender sua formação. Muitos dos óbices ao desenvolvimento do país, muitos de seus problemas econômicos, sociais e políticos adviriam de nossa formação histórica e social, que precisaria ser conhecida para que estes problemas pudessem ser solucionados. Notadamente na obra clássica de Gilberto Freyre aparecerá uma interpretação da história do Brasil, que consagrará uma série de imagens e de enunciados sobre o país que, graças ao sucesso e recepção que a obra tem no exterior, continua sendo responsável pela forma como os brasileiros são vistos externamente. Como a obra de Freyre inspirará muitos outros trabalhos, inclusive em áreas tão distintas, como a literatura, a pintura, a poesia, o cinema, este texto passará a ser, em grande medida, uma espécie de narrativa mestra sobre o Brasil, versão que aparecerá popularizada e reproduzida por enredos de escolas de samba, de bois-bumbás e de diversas outras manifestações culturais do país. A exemplo dos modernistas e do que fizera Varnhagen, a história do Brasil será narrada por Freyre a partir da contribuição que cada raça deu a nossa formação social e cultural. Mas, diferentemente do autor que o antecedeu, Freyre dá um caráter mais cultural que biológico à noção de mestiçagem, embora esta não deixe de estar presente. Além da contribuição das três raças, a obra de Freyre é estruturada em torno de alguns outros temas ou aspectos que seriam definidores da sociedade brasileira: a família patriarcal, a casa grande e a senzala, o catolicismo e a tropicalidade. O Brasil teria sido construído como civilização pioneira e original nos trópicos, com a contribuição decisiva destas três raças, exercendo cada uma papéis bem definidos e demarcados hierarquicamente. O comando de todo o processo teria cabido ao português, que aparece aqui elogiado em sua capacidade inigualável de conviver com as diferenças, o que nos tornaria um povo receptivo ao estranho e ao estrangeiro, um povo incapaz de preconceito de raça, mito que ainda hoje encobre o entranhado racismo presente na sociedade brasileira. O português, até por já ser um povo mestiço, e não um povo ariano, como o historiador e pensador Oliveira Vianna havia definido, um povo que trazia no corpo e no espírito influências orientais, notadamente mouriscas, vai saber conviver com as raças exóticas e não vai ter pejo em deitar com negras e índias, dando origem à sociedade miscigenada e morena do Brasil. O português, por sua plasticidade, vai conseguir se adaptar a diferentes climas e a diferentes situações ecológicas e sociais, levando a civilização aos quatro cantos do planeta. Mas o português não teria construído nada se não tivesse tido o auxílio de negros e índios que, sob seu mando e direção, ajudaram na construção da economia, da sociedade e da cultura brasileiras. Ao índio, que na versão freyreana da história do Brasil, foi quem deixou menor contribuição para o Brasil contemporâneo, e note-se que os índios são tratados sempre como uma realidade passada, como se não continuassem a viver aí ao nosso lado, no nosso tempo, coube a tarefa de auxiliar os brancos no conhecimento dos mistérios da floresta, auxiliando-os como guias na penetração para o interior do território, com seus dotes guerreiros, ajudando no combate aos outros índios rebeldes e aos invasores estrangeiros, sem esquecer que foram, embora com muita resistência, mãos de obra utilizada em muitas atividades, notadamente as extrativas, que pretensamente estariam mais de acordo com sua índole. Deles teríamos herdado costumes e um rico vocabulário que dava particularidade a nossa língua e que aparecia vigoroso em inúmeros topônimos. Os negros, antes vistos com tanta reserva, quando se tratava de considerá-los um elemento de civilização no Brasil, sendo quase sempre responsabilizados por nossos costumes ainda bárbaros e pelo nosso atraso, serão reavaliados pela obra freyreana e assumirão um papel decisivo na formação do povo e da cultura brasileira. Freyre dedicará dois capítulos de sua obra para falar da contribuição dos negros para a sociedade brasileira. Reconhecerá o papel central que os braços e mãos negras desempenharam na economia brasileira, sendo estes os pés e as mãos dos senhores, desempenhando as atividades do eito, as atividades domésticas ou mesmo as atividades urbanas. Além de seu trabalho, o negro teria contribuído para a formação da raça brasileira, com o seu sangue miscigenado com os de brancos e índios, para a formação de nossa língua, amaciando a aspereza do português falado pelos brancos e contribuindo com uma grande quantidade de palavras e expressões que continuam a ser usadas em nosso cotidiano, teria contribuído com muitas de nossas manifestações culturais, teria enfim marcado nosso próprio corpo com a maneira sensual de ser, com sua ginga, com sua malemolência. A imagem do Brasil, construída por Freyre, está carregada de sensualidade, seu livro, que chegou a causar escândalo quando foi publicado, é o primeiro a ter coragem de explicitar como aconteceu a mestiçagem, ou seja, é através das relações sexuais que as raças se misturaram, o que ficava apenas implícito nas abordagens anteriores. O Brasil passa a ter com Freyre uma das únicas narrativas de identidade nacional em que o corpo e o sexo exercem um papel central. Enquanto na maioria dos povos são seus feitos guerreiros, seus feitos políticos ou econômicos que são decantados, o Brasil freyreano é quase um canto a um paraíso sexual, onde todas as práticas sexuais são possíveis, imagem que marca os brasileiros, ainda hoje, no exterior. Se somos uns dos destinos mais procurados pelo turismo sexual, se nossas crianças e adolescentes são assediados sexualmente por visitantes estrangeiros ávidos por aventuras, não esquecendo que o mesmo se dá por parte de brasileiros, se nossas mulheres são umas das preferidas no tráfico internacional de prostitutas ou nossos travestis fazem sucesso no exterior, isto se deve a esta imagem de que somos um povo sensual, um povo no qual o sexo e a sexualidade seriam centrais em nossa existência, de que os brasileiros e as brasileiras seriam amantes inigualáveis. Não podemos responsabilizar a obra de Freyre, sozinha, por esta forma como os brasileiros são vistos e como, na verdade, se veem, mas ela e outras obras que possuem o mesmo tipo de imagem do Brasil, como a obra literária de Jorge Amado, também de enorme repercussão internacional, ou de José Lins do Rego, que parecem incorporar a leitura freyreana da história do Brasil, foram fundamentais na construção deste estereótipo do brasileiro sexualmente inigualável, sedutor, sensual, atleta de alcova. Mito que também se remete à raça negra, tida como a responsável por esta inigualável sensualidade do brasileiro, sensualidade que seria exemplarmente encarnada pela mulata e que explodiria na festa, que nos anos 1930 foi elevada à condição de festa nacional, e no ritmo, que também foi neste momento consagrado como música nacional, o carnaval e o samba.

O Estado brasileiro, sob o domínio da era Vargas, notadamente no período do Estado Novo (1937-1945), vai pela primeira vez elaborar e executar uma política oficial de cultura, que terá nos modernistas seus principais colaboradores. Esta política oficial se articulava em torno do que ficou conhecido como o nacional-popular, ou seja, procurava-se definir e estimular o que seria uma cultura nacional e esta era procurada entre as manifestações culturais populares. Da mesma forma que o nacionalismo deu margem à escrita e publicação de um conjunto de obras que buscavam entender o Brasil, ou que eram documentos fundamentais para a escrita de sua história, como as publicadas pelas coleções Brasiliana e Documentos Brasileiros, levou à criação do Instituto do Patrimônio Histórico e Artístico Brasileiro, com uma nova política para os museus e de tombamentos dos chamados monumentos de nossa história, a ideia do popular levará à expansão dos estudos de folclore, a criação das primeiras instituições voltadas para a guarda dos objetos de arte e do estudo das produções literárias e artísticas das camadas populares. Expressões da cultura popular brasileira, antes ignoradas ou perseguidas, são agora elevadas à condição de patrimônio cultural do país e de símbolos da nacionalidade, como o carnaval e o samba, que agora oficializados passam, no entanto, a sofrer o controle da censura e continuam a merecer a atenção da polícia, que agora passa inclusive a normatizar suas apresentações. Os antigos cordões e blocos carnavalescos se transformam em escolas de samba, num ambiente onde a educação passa a ser pensada como um dos elementos fundamentais na resolução de todos os nossos problemas e até o samba passa a ser aprendido em escolas. Elas sofrem um controle crescente por parte das autoridades que, ao se tornarem seus financiadores, exigem que tragam em seus enredos temas patrióticos e uma leitura da história do Brasil que consagrava o mito da mestiçagem, do caráter pacífico e ordeiro do brasileiro, de sua falta de preconceito racial e cantava as vantagens do trabalho sobre a malandragem. A polêmica em torno do ensino público, trazida pelo embate entre os educadores congregados sob a bandeira da Escola Nova e os representantes da Igreja Católica, que queriam manter a hegemonia sobre o setor educacional, que exerciam desde o período colonial, sendo os formadores de nossas elites católicas, levará à reafirmação ou ao questionamento de outro elemento definidor de nossa imagem como povo, ou seja, a de que somos um povo religioso, católico, de que no catolicismo residiria, assim como no falar o português, um dos elementos que nos davam unidade enquanto povo e nos diferenciavam de outras nações. A Igreja Católica tratará de reafirmar que este seria um traço de nossa nacionalidade, agora que se via ameaçada pela entrada, em nosso país, de outras religiões cristãs e não cristãs trazidas pelos imigrantes, pela liberdade de culto, finalmente concedida às religiões africanas, e pelo avanço de ideologias que contestavam a interpretação religiosa e católica do mundo como o socialismo e o anarquismo, realizando grandes e simbólicos eventos como o da construção da estátua do Cristo Redentor no Rio de Janeiro, encabeçada pelo cardeal Leme, monumento que se tornará um símbolo nacional, uma das metonímias da nacionalidade brasileira.

A este Brasil do carnaval, do samba, da mulata, da sensualidade, do Cristo Redentor, da malandragem, do povo colorido e exótico, que se encarna por ironia no corpo da portuguesa Carmem Miranda, transformada junto com o papagaio malandro, criado pelos Estúdios Disney, não sem motivo apodado de Zé Carioca, pelo cinema norte-americano e sua política de boa vizinhança, durante a Segunda Guerra Mundial, em símbolos nacionais para consumo no exterior, a rebolar com seus enormes cachos de bananas e abacaxis na cabeça e a dizer como Macunaíma, ai que preguiça, vai se somar o Brasil da truculência política, da corrupção, da incapacidade de se constituir em uma sociedade verdadeiramente democrática, incapaz de superar sua condição colonial, como afirmavam os livros clássicos de Sérgio Buarque e Caio Prado Jr. A discussão em torno do caráter da transformação que deveria sofrer a sociedade brasileira dividia opiniões. Comunistas e integralistas, admiradores das soluções autoritárias cujo modelo eram a União Soviética ou os regimes nazista na Alemanha e fascista na Itália, os liberais que haviam visto a simples reivindicação de um regime constitucional, no país, ser adiada até 1934, mesmo com a explosão do movimento encabeçado pelas elites paulistas em 1932, chamada de Revolução Constitucionalista, apontavam soluções distintas para os problemas do país. Este regime constitucional logo havia se transformado em ditadura, em 1937, e o mesmo ocorrerá com o interregno democrático entre 1945 e 1964, sempre assombrado pelos pronunciamentos militares, que prenunciavam a longa ditadura que iriam impor ao país até 1979. Se continuamos, em muitos filmes estrangeiros, sendo vistos como o endereço preferencial para onde fogem os grandes *gangsters* internacionais, afinal demos guarida ao chefe da quadrilha que realizou o maior assalto feito até aquele momento no mundo, o assalto ao trem pagador na Inglaterra, se transformamos Ronald Bigs em atração turística, se os escândalos de corrupção não param de explodir na administração pública, esta imagem e este estereótipo com que somos marcados se assentam em muitos eventos concretos, embora, como todo estereótipo, seja generalizante e injusto com uma grande maioria de brasileiros que não se dedicam a atividades ilícitas. Embora tenhamos que reconhecer que faz parte da cultura brasileira um elogio da burla, do jeitinho, que, se oferece, em certos momentos, necessários e fundamentais espaços de liberdade, também leva à ilicitude, ao pouco respeito às normas coletivas e até mesmo obstaculiza o desenvolvimento econômico e social do país. Mas como procurou mostrar o historiador Emanuel Araújo, em seu livro *Teatro dos vícios*, isto advém da própria sociedade colonial, e não propriamente por nossos primeiros habitantes serem degredados, mas pela sociedade colonial ter se caracterizado, entre outras coisas, pela ausência do Estado, pela prevalência da vontade dos mais poderosos, pela possibilidade mais ampliada da transgressão, pelo pouco respeito às normas e às leis.

Esta imagem do Brasil, que emerge da era Vargas, será reafirmada e radicalizada no período democrático que se segue. O nacionalismo e o populismo serão elementos presentes na produção cultural e orientarão muito da atuação política. O elemento novo que emerge e que precisa ser incorporado à imagem do país é o seu acelerado processo de urbanização e industrialização, ou seja, o que será chamado de desenvolvimento, e, ao mesmo tempo, a convivência com o subdesenvolvimento, de muitas de suas áreas. O intenso processo de migração entre campo e cidade, entre regiões que ainda tinham na agricultura a sua principal atividade econômica e as áreas industriais; a modernização acelerada de setores como transporte e energia, geravam profundos desequilíbrios regionais que vieram a se colocar como problema, neste momento. Se o governo Juscelino Kubitschek resumiu muito dos significados que teve este período para o Brasil, construindo um símbolo deste Brasil moderno, urbanizado, desenvolvido, a cidade de Brasília, concretizando literalmente o sonho modernista, e realizando um projeto geopolítico idealizado desde o Império, ao deslocar a capital para o interior, reeditando também os mitos do bandeirantismo ou da Marcha para o Oeste, versão brasileira e varguista, da narrativa da construção da identidade norte-americana, também teve que lidar com as desigualdades regionais profundas, ao criar a Sudene, numa tentativa de transferir capitais e planejar as atividades destinadas a resolver o que se definiu, na época, como sendo a região problema do país, o Nordeste. Planejamento e desenvolvimento são novos conceitos através dos quais os estudiosos agregados no Instituto Brasileiro de Estudos Brasileiros, ISEB, tentaram pensar o país e elaborar uma estratégia para a superação de problemas seculares e que vinham de nossa formação colonial como: a concentração da propriedade da terra e a prevalência do latifúndio, que se apresentam agora como um obstáculo ao desenvolvimento, à medida que reduz a capacidade produtiva do país, notadamente de produtos de primeira necessidade, o que causa uma crescente inflação nos preços, à medida que cresce a necessidade de produtos primários tanto para a indústria em expansão, como para abastecer os centros urbanos em crescimento, cuja solução seria a realização de uma reforma agrária; o caráter colonial de nossa economia, que se explicitava na dependência, ainda vigente, da exportação de produtos primários para o exterior e na dependência de capitais estrangeiros para financiar o nosso desenvolvimento, como ficava patente no governo Kubitschek; o baixo nível de escolarização de nossa população, já que o analfabetismo parecia ser uma herança colonial persistente e resistente; a difícil integração à sociedade brasileira dos negros e descendentes, ainda marcados pela escravidão, são temas que serão incorporados a um Brasil que começa a debater seus principais problemas. O presidente bossa nova prometeu anos dourados e o país viveu, realmente, um momento de elevação de sua autoestima, com a conquista do campeonato mundial de futebol; com a instalação entre nós da indústria automobilística, dando origem a uma paixão que se concretizará no abandono das estradas de ferro e na construção das grandes rodovias nacionais, símbolos de grandeza e do milagre brasileiro do início dos anos 1970 e hoje símbolos da impossibilidade do Estado brasileiro em financiar, sozinho, a construção e manutenção da infraestrutura necessária para o crescimento da economia do país; com a construção de uma nova capital, uma cidade que já nasceu como espetáculo, embora tenha assistido, a partir daí, espetáculos políticos pouco afiançadores de sua modernidade, além de passar de cidade planejada, conforme o mito do planejamento tão presente na época, à cidade ocupada por inúmeros loteamentos clandestinos, inclusive de terras da União, patrocinados, muitos, por autoridades públicas.

Deste Brasil moderno de Kubitschek, para o Brasil gigante dos militares, o país vai se tornando cada vez mais complexo, com distintas realidades convivendo em seu interior, tornando cada vez mais difícil construir uma definição, uma identidade para ele, tornando cada vez mais difícil defini-lo a partir de um conjunto coerente de imagens e textos. O Brasil da praia, do barquinho, do violão, das belezas e da garota de Ipanema, cantado pela bossa nova, vai conviver com o Brasil da favela, da miséria e da violência no campo, que vai explodir nas telas brasileiras com o Cinema Novo. O Brasil da juventude universitária que se tornava cada vez mais importante força política, que produzia e consumia as músicas de protesto, que participava dos movimentos populares de cultura, que promovia os movimentos de educação popular, que encenava um teatro cada vez mais politizado e voltado para temáticas brasileiras, em grupos como o Arena e o Oficina, que convivia com uma juventude antenada com os movimentos da contracultura que ocorriam nos Estados Unidos e na Europa, como o movimento beatnik ou o movimento hippie, que consumia o rock e fazia sua versão nacional com o iê-iê-iê. Surgia, no país, uma cultura de massas, com o crescimento das grandes cidades, a ampliação da indústria editorial e fonográfica, com o surgimento da televisão, com a influência crescente da propaganda, convivendo com uma alta taxa de analfabetismo, de exclusão de boa parte da população da possibilidade de consumir estes produtos. É este Brasil plural, complexo, contraditório, país estilhaçado, país geleia geral, que irá aparecer no movimento tropicalista, movimento cultural do final dos anos 1970, talvez o último movimento a tomar a temática da identidade nacional como o núcleo de suas reflexões, mas que o toma para mostrar a impossibilidade de defini-lo, de dizê-lo num só sentido. A longa procura por definir o Brasil, dizer o que o singulariza e o identifica, termina por aparecer resumida e assumida como impasse no discurso tropicalista. As várias imagens e muitos dos enunciados que procuraram defini-lo, apareciam agora entrelaçados, produzindo um rosto remendado e absurdo. O luar do sertão, a natureza grandiosa prometendo eterna primavera e o índio romântico convivem com a piscina, com os automóveis, com os acordes dissonantes, com os anúncios em bancas de revista. A mata, a mulata, Carmem Miranda, convivem com a bossa, com a Banda, com um monumento no planalto central do país.

A longa ditadura militar, ao mesmo tempo em que aprofundou esta modernização do país, dotando-o de uma grandiosa estrutura de transportes, de comunicação, de energia elétrica, promovendo o crescimento do setor industrial de base, promovendo a modernização do latifúndio, incentivando o aparecimento de agricultura e de uma pecuária empresariais, aprofundou as desigualdades sociais, regionais e setoriais, tornando o Brasil um dos países onde a distribuição de renda se dá de forma mais injusta, gerando verdadeiros abismos sociais entre as elites que passam a ter acesso e estar em dia com o que de mais moderno e atual se faz no exterior, e a massa crescente de excluídos, que não possuem o mínimo para a sobrevivência, gerando uma tensão social que se explicita no crescimento da violência urbana e na manutenção da histórica violência no campo, que ganha novos contornos, com a expansão permanente da fronteira agrícola, com as migrações internas, que agora envolvem zonas que antes recebiam migrantes e agora passa a expulsá-los, como o Sul do país, os conflitos com as comunidades indígenas remanescentes, os habitantes seculares da mata amazônica, os garimpeiros, membros de organizações de trabalhadores rurais, madeireiros e mais recentemente os sem-terra, que passam a se organizar em movimento e ocupar terras devolutas ou improdutivas, numa mobilização que teve como resposta a fundação da União Democrática Ruralista, organização de fazendeiros que acirra ainda mais um conflito agrário, que foi um dos responsáveis pela intensa migração campo-cidade, desde os anos 1940 do século passado. Esta complexificação da sociedade brasileira e as inúmeras tensões, conflitos e diferenças sociais que a dividem, dá margem ao surgimento de inúmeros preconceitos de origem geográfica, que se confundem, na verdade, com preconceitos sociais, com preconceitos de classe, de raça, com preconceitos advindos da disputa por espaço no mercado de trabalho, ampliados pela renhida luta que se tem que travar numa sociedade onde as possibilidades de ascensão social são muito remotas e onde manter o *status* social exige uma permanente e acerba disputa.

No Brasil de hoje, as pessoas podem ser estigmatizadas por habitarem uma dada região da cidade: habitar o morro ou habitar a zona norte no Rio de Janeiro ou em Natal é ser marcado pelo estigma e o preconceito. Morar no que se chama de periferia ou na Zona Leste de São Paulo é carregar um estigma. Viver nas cidades satélites em Brasília ou mesmo morar nas ruas, nas praças ou debaixo dos viadutos, situação cada vez mais comum no país, faz ser visto de saída com suspeição, com desconfiança. As segregações espaciais, no Brasil, acompanham suas segregações sociais. Temos uma geografia da exclusão e do medo. Uma geografia marcada, cada vez mais, pelos muros ou cercas eletrificadas, pelos condomínios e *resorts* fechados e exclusivos, pelas praias fechadas, onde não podem circular ônibus urbanos, como em Niterói, ou algumas praias da ilha de Santa Catarina, completamente privatizadas, muitas delas terras públicas ocupadas ilegalmente, assim como grande parte das terras no Pontal do Paranapanema em São Paulo ou na Amazônia. Somos um país de grupos sociais marcados pelo nomadismo, pela constante peregrinação pelo país, em busca de melhores condições de trabalho ou de vida, mas estes carregam na bagagem, onde chegam, a marca do forasteiro, do migrante, muitas vezes do intruso ou do estranho. Não têm território próprio, muitas vezes apenas a lembrança e a saudade vaga de uma terra em que um dia nasceram, que carregam consigo aonde vão, tendo que permanentemente reconstruí-la em sua memória, através de seus relatos. Somos um país de nômades e migrantes, como somos e fomos desde o princípio um país de degredados, desterrados, aventureiros, imigrantes, sertanistas, deportados e sequestrados, o que nos tornou este país e este povo aberto e receptivo a todos os que chegam, venham de onde vierem, mas que também marcamos a todos com estigmas, estereótipos ou preconceitos, maneira de lidar com estas diferenças, de torná-las compreensíveis, de reduzir o estranhamento, de domar o medo do desconhecido, que podem não aparecer como grandes movimentos xenófobos ou racistas organizados e militantes, mas que envenenam nosso dia a dia e se manifestam e explodem, muitas vezes na pequena querela do cotidiano, na briga de boteco, na discussão no ônibus, no momento de se permitir o namoro da filha ou de aceitar em casa o colega de escola do filho. Para exemplificar mais concretamente como se constituíram e como atuam em nosso cotidiano estes preconceitos por origem geográfica, tomarei a seguir o caso do preconceito contra os nordestinos.

Capítulo 3

O preconceito contra o nordestino

No Brasil, o preconceito por origem geográfica marca, especialmente, os nordestinos. Este preconceito se expressa, por exemplo, através dos estereótipos do "baiano" e do "paraíba", denominações que são usadas genericamente em São Paulo e no Rio de Janeiro, respectivamente, para se referirem aos migrantes vindos da região Nordeste. Ao nordestino ainda estão vinculados outros tipos sociais vistos com certo desprezo, com comiseração ou com medo, como: o retirante, o flagelado, o migrante, o pau-de-arara, o arigó, entre outros. Para compreendermos porque as populações do Nordeste são objeto destes preconceitos é necessário que se faça uma abordagem que leve em conta dois aspectos fundamentais: em primeiro lugar, a história da construção da própria ideia de Nordeste e, em consequência, da ideia de ser nordestino, já que, como veremos, nem esta divisão, nem esta identidade regionais existiram desde sempre, elas têm uma história, que precisa ser conhecida, se quisermos compreender de onde vieram muitas das imagens e falas negativas que marcam a região e seu habitante; e em segundo lugar, é necessário abordarmos o papel desempenhado pelas elites nordestinas e por suas camadas populares na história do país no século XX, pensarmos que processos sociais, que aspectos do funcionamento da economia e da política brasileiras, neste século, provocaram conflitos e tensões intrarregionais e qual foi o papel desempenhado, nestes processos, pelos diversos grupos sociais do Nordeste.

O Nordeste, como recorte regional, como uma identidade regional à parte, nem sempre existiu, como faz crer quase toda a produção artística, literária e acadêmica contemporâneas, que normalmente se referem ao Nordeste como este tendo existido desde o período colonial; os portugueses já teriam desembarcado no Nordeste e teria sido esta a área onde primeiro se efetivou a implantação da colonização portuguesa, com o sucesso da produção açucareira. Esta designação Nordeste para nomear uma região específica do país, tendo pretensamente uma história particular, uma cultura singular, só vai surgir, no entanto, muito recentemente, na década de 1910 do século XX. Antes, a divisão regional do Brasil se fazia apenas entre o Norte, que abrangia todo o atual Nordeste e toda a atual Amazônia e o Sul que abarcava toda a parte do Brasil que ficava abaixo do estado da Bahia. Por isso, ainda hoje, os nordestinos são comumente chamados de nortistas em São Paulo ou em outros estados do Sul e do Sudeste e os moradores destas regiões dizem que vão passar férias no Norte, para se referirem ao Nordeste. Isto indica, também, que a criação da ideia de Nordeste e, consequentemente, da ideia de ser nordestino, surgiram nesta própria área, foram produzidas pelas elites políticas e pelos letrados deste próprio espaço, não foi uma criação feita de fora, por membros das elites de outras regiões. O sentimento, as práticas e os discursos regionalistas que irão dar origem à região que conhecemos, hoje, como Nordeste, emergiram entre as elites ligadas às atividades agrícolas e agrárias tradicionais, como à produção do açúcar, do algodão ou ligadas à pecuária, mesmo que muitos destes vivessem nas cidades, exercessem profissões liberais ou fossem comerciantes, de parte do então chamado Norte do país, no final do século XIX. Este regionalismo, como vimos, é fruto da própria forma como se constituiu o Estado Nacional brasileiro, caracterizado, por um lado, pela centralização das decisões, e por outro, por sua presença episódica e sua incapacidade de dar soluções para os problemas que afetavam os interesses das elites de certas áreas do país, notadamente daquelas que representavam áreas que eram ou se tornaram periféricas do ponto de vista econômico ou que ficavam distantes do centro das decisões políticas. O regionalismo nortista, embrião do regionalismo nordestino, nasce com o crescente descontentamento das elites da área açucareira e das áreas a ela ligadas, com a pouca assistência recebida por parte da União, no que tange à crise econômica vivida por este espaço, desde que seus principais produtos de exportação, o açúcar e o algodão, perdem espaço no mercado internacional e veem seus preços se reduzirem. A importância crescente da área cafeeira para a economia do país e sua crescente influência política junto à Corte, exercida em detrimento dos interesses das elites ligadas a outras atividades econômicas, também pela proximidade até territorial entre o vale do rio Paraíba do Sul e a cidade do Rio de Janeiro, capital do país, e onde se concentravam as decisões políticas, vão paulatinamente congregar os representantes das províncias do Norte em torno de determinadas reivindicações, em torno das quais se articula um discurso político de cunho regionalista.

Um dos primeiros episódios que marcarão a emergência desta identidade regional em formação será a chamada grande seca de 1877-1879. Este fenômeno que, do ponto de vista estritamente climático ou natural, nada teve de diferente de episódios anteriores, já que as estiagens era um fenômeno do qual se tinha relatos desde o período colonial, terá repercussões políticas e será objeto de uma mobilização por parte das elites deste espaço, como nunca antes ocorrera. Enquanto a seca matava apenas animais, escravos e homens pobres, ela nunca havia sido considerada um grande problema, nunca havia despertado tanta atenção, seja nos discursos parlamentares, seja nos documentos oficiais, seja na imprensa. Mas esta seca ocorre num momento de crise econômica e de declínio político dos grupos dominantes desta área do país. Ela, pela primeira vez, atinge com intensidade setores médios dos proprietários de terras, com a falência de alguns, a morte ou a necessidade de migração para outros. A própria existência de uma imprensa mais organizada e com capacidade de repercutir o fenômeno em nível nacional, algo que não ocorreu em secas anteriores, dá uma repercussão a esta seca como não fora dada a nenhuma outra anterior, por isso esta se tornou a grande seca, marco em qualquer história das secas que seja elaborada na ou sobre a região. O impacto causado pela divulgação das primeiras fotografias feitas do que se começa a chamar de flagelados, na imprensa do Sul do país, os discursos inflamados dos representantes do Norte no Parlamento nacional, que também ganham as páginas dos jornais e a publicação de uma obra como *Os retirantes*, de José do Patrocínio, ainda em 1879, primeiro romance escrito sobre o tema, por parte de um respeitado jornalista carioca, que estivera no Norte e pretensamente presenciara as cenas que descreve, cenas fortes, chocantes, tornam a seca um tema central no discurso regionalista do Norte, que se esboça neste momento. As elites deste espaço descobrem a força da arma que têm nas mãos, como este fenômeno e o cortejo de misérias que acarretava tornavam este tema um argumento quase irresistível na hora de se pedir recursos, em nome de socorrer as vítimas do flagelo, obras públicas, em nome de empregá-los em trabalho regular ou cargos públicos, em nome de organizar e promover a distribuição dos socorros. O que se chamará, mais tarde, de indústria das secas é gestada neste momento, assim como o discurso da seca, que a sustentará, a justificará e a promoverá.

A seca de 1877-1879 tornará este fenômeno um tema privilegiado da literatura realista ou naturalista produzida pelos letrados pertencentes à chamada geração de 1870, notadamente na província do Ceará, considerada, neste momento, o espaço por excelência da ocorrência deste fenômeno. A esta seca, além do romance pioneiro de José do Patrocínio, se seguirão os romances *A fome*, de Rodolfo Teófilo, *O cabeleira*, de Franklin Távora, *Luzia-Homem*, de Domingos Olímpio e *Aves de arribação*, de Antônio Sales. Estes autores, ligados a um movimento literário ocorrido no Ceará, chamado Padaria Espiritual, influenciados pelas teorias cientificistas, evolucionistas e social-darwinistas, que tomavam a natureza ou o meio e a raça, a constituição racial, como conceitos fundamentais para pensar o comportamento humano e as relações sociais, vão ser responsáveis pela elaboração de imagens e falas em torno do homem do Norte, notadamente deste homem vitimado pela seca, quando deixa de ser aquele sertanejo com todas as virtudes morais e a fortaleza física idealizada pelo romance clássico de José de Alencar, *O sertanejo*, para se tornar o retirante ou o flagelado, um sertanejo degradado física e moralmente, um homem em farrapos, doente, macerado, um esqueleto andante, esperando os urubus virem devorar. Um homem retornado à condição da animalidade pela fome e pela sede, um homem que se torna uma fera, capaz de matar e roubar, como o cangaceiro, bandido independente que assalta os comboios que transportam socorros para as vítimas da seca, e que aparece pela primeira vez nesta seca dos dois setes, encarnado nesta literatura pela figura mítica do Cabeleira. Feras que abandonam todos os valores e costumes trazidos pelo processo de civilização e que caracterizam a condição humana, pessoas que são capazes, inclusive, de devorarem seus próprios filhos, em dolorosas cenas de antropofagia. Sertanejo que perde toda a noção de honra e todo o orgulho e dignidade que o caracterizavam, para se curvar a exercer qualquer atividade ou se submeter a qualquer situação em nome da sobrevivência: prostituir-se, entregar-se ao crime, se submeter a esmolar pelas ruas da cidade, lutar com outras pessoas por um simples pedaço de pão. Esta literatura dá origem a alguns tipos que constituiriam o que consideravam ser personagens de uma literatura regional do Norte, já que estas elites estavam convencidas, agora, de que o país se dividia cada vez mais em duas realidades diferentes e que estas distinções, que já tinham raízes históricas, estavam sendo aprofundadas pela forma negligente e discriminatória como o Estado Nacional tratava as províncias e as populações do Norte, o que, segundo eles, ameaçava a própria integridade do país. O separatismo político do Norte, que ensaiara seus primeiros passos nos movimentos de 1817 e 1824, retornava agora ganhando foros literários. Estes tipos que seriam regionais, como o retirante, o flagelado e o cangaceiro, são fundamentais para entendermos a forma como o nordestino, que mais tarde irá incorporar e encarnar estes tipos, se vê e se diz e é visto e dito pelos habitantes de outras áreas do país. O nordestino sofrerá muitos dos preconceitos de que é vítima por estar associado a estas imagens e a estes tipos: o nordestino será visto, quase sempre, como sendo um retirante, um flagelado ou um cangaceiro em potencial.

Este regionalismo vai se aguçar e se expressar de forma contundente quando, em 1876, o Império convoca um Congresso Agrícola, a se realizar no Rio de Janeiro, e claramente exclui as atividades agrícolas do Norte da pauta de discussões. O café, sua produção, a questão premente da mão de obra, já que a escravidão se mostrava com os dias contados, eram os assuntos que constavam da pauta do Congresso, irritando e provocando a mobilização dos produtores nortistas, que em resposta e como represália, convocam outro Congresso Agrícola, que se realizou em Recife, no ano de 1878. Nele, pode-se perceber, claramente, a emergência de um discurso regional que se articulava em torno de temas como: o da crise da lavoura, da falta de braços, da discriminação do Estado imperial no que tange tanto à sua política de investimentos, como à sua política fiscal e cambial, privilegiando o café em detrimento das outras atividades agrícolas e em torno da seca. O espaço que se tornará o Nordeste vive de forma mais intensa, neste momento, o problema da transição do trabalho escravo para o trabalho livre, já que grande parte do plantel de escravos da região, principalmente os do interior, estava sendo vendida para o Sul do país, no crescente comércio interprovincial provocado pelo fim do tráfico regular de escravos vindos da África, dada a necessidade de braços em expansão nas províncias cafeeiras e a descapitalização dos grandes proprietários do Norte, com o declínio da produção e dos preços de suas atividades tradicionais, agravadas pela crise provocada pela seca. No Congresso Agrícola do Recife, várias foram as teses apresentadas que defendiam a subvenção, por parte do Império, da vinda de imigrantes estrangeiros para esta área, o que já começava a acontecer no Sul do país, através de iniciativas particulares. Muito se reclamou, também, a adoção de medidas visando obrigar os homens pobres livres, vistos por estas elites como vagabundos e preguiçosos, ao trabalho regular e na grande lavoura, solicitando, para isto, a criação de colônias agrícolas, medida adotada emergencialmente durante a seca de 1877-79, mas que se mostrara ineficiente e uma fonte privilegiada de corrupção. Estas colônias agrícolas dão origem a uma das primeiras Comissões Parlamentares de Inquérito de que se tem notícia, que vem após o fim da estiagem verificar a aplicação dos recursos federais a elas destinados e constata que grande parte deles haviam sido desviados, enriquecendo alguns que lucraram com a desgraça da maioria. O discurso da seca e a indústria da seca já nascem associados a uma prática que a acompanhará por todo o século seguinte, a prática da corrupção generalizada, que é responsável pela criação de uma outra marca negativa com a qual são marcados os nordestinos, a de viverem às custas dos recursos vindos dos cofres públicos e da corrupção, como se este fosse um privilégio de uma determinada região ou elite no país. A elite paulista, para a qual era canalizada também uma boa parte dos recursos públicos, legalmente ou não, vai usar permanentemente este argumento para se opor ao envio de recursos e à realização de obras nesta parte do país. Neste discurso, muitas vezes, o nordestino é apresentado como aquele que vive às custas dos impostos pagos pelos contribuintes das outras regiões do país, sanguessuga dos cofres públicos, que retorno nenhum daria ao país. A corrupção e a dependência dos cofres públicos, além da sonegação de impostos, que não é monopólio das elites nordestinas, mas um fenômeno generalizado no país, marcam mais fortemente este espaço, que passa a ser visto como tendo o monopólio destes comportamentos políticos, sociais e culturais pouco contributivos para o país.

Com o fim da escravidão e a consequente diferenciação na forma de se substituir o trabalho escravo, com a entrada em grande número de imigrantes europeus no Sul e o uso, quase exclusivo, da mão de obra local, dos homens pobres livres e dos libertos, em regimes de trabalho também distintos, com a prevalência do assalariamento, na produção cafeeira e das relações de trabalho não assalariadas, nas atividades econômicas do Norte, as diferenças entre estes dois espaços se acentuam. A economia que se desenvolve em torno da cafeicultura apresenta uma taxa de acumulação de capital que permite a emergência progressiva de atividades industriais mais diversificadas, do que aquelas que se desenvolvem no Norte, o que torna o espaço sulino o centro do desenvolvimento do capitalismo no país, tornando o espaço nortista um espaço subordinado e subsidiário daquele desenvolvimento, sendo progressivamente identificado como o lugar por excelência da pobreza, do atraso e do subdesenvolvimento nacionais, discurso produzido por suas próprias elites, que comumente se colocam no lugar de vítimas do processo de desenvolvimento nacional, como se dele não tivessem participado e sido agentes, bem como se comprazem em repetir o discurso da lamúria e do coitadinho, se colocando como vítimas de um colonialismo interno, capitaneado pelos estados do Sul.

A proclamação da República também foi um elemento importante para entendermos como o regionalismo nortista terminou por desaguar na elaboração da ideia de Nordeste. Adotando um federalismo de inspiração liberal, bastante amplo, o regime republicano terminou por beneficiar diretamente as elites regionais mais importantes economicamente e mais fortes politicamente, isto tanto em nível local, como em nível nacional. O federalismo amplo, que colocava boa parte da arrecadação de impostos e de sua consequente aplicação nas mãos dos governos estaduais, terminou por favorecer a captura do Estado Nacional por parte dos grupos políticos hegemônicos nos estados mais ricos, o que se reproduzia em cada estado, onde as chamadas oligarquias passaram a ter o controle da máquina pública, colocando-a a serviço de seus interesses, o que também se reproduzia em cada município, alijando assim da participação política e administrativa grande parcela da população. O domínio político de apenas dois estados da federação, São Paulo e Minas Gerais, que praticamente se revezaram no controle da presidência da República, salvo em casos excepcionais como o da ascensão do militar gaúcho Hermes da Fonseca (1910) ou do jurista paraibano Epitácio Pessoa (1919), durante toda a chamada Primeira República, que vai de 1889 a 1930, demonstra como este federalismo favoreceu a hegemonia política dos estados mais prósperos economicamente e de maior população, levando a que as bancadas que representavam os estados do Norte caminhassem no sentido de atuarem conjuntamente, como única forma de enfrentar as bancadas maiores e que representavam os estados do Sul, notadamente São Paulo, formando o chamado Bloco do Norte, passo decisivo para a emergência de um discurso político regional unificado. Os estados do Norte, que se tornavam cada vez menos representativos no conjunto da economia nacional, viam suas elites perderem espaço político no plano nacional, o que se agrava, inclusive, com a perda crescente de população, que começa a ocorrer à medida que as atividades cafeeiras e depois as atividades industriais começam a requerer mão de obra nacional, para realizar as tarefas mais duras e desprestigiadas, que não interessavam aos imigrantes estrangeiros, fazendo com que estados como a Bahia, que antes ocupava o segundo lugar em população no país e, portanto, tinha um eleitorado a oferecer, que fazia com que muitos dos vice-presidentes da República, neste período, viessem deste estado, veja sua população se reduzir drasticamente, entre os anos 1920 e 1930 do século passado, o que a fragilizava politicamente. É este afluxo de uma população de maioria negra, que constitui, durante a década de 1920, sessenta por cento dos migrantes que chega a São Paulo e que vai encontrar uma província onde a população se branqueava rapidamente com a imigração europeia, realizando o sonho de suas elites, que faziam com que estes migrantes fossem marcados pelo estereótipo do baiano. Isto é o que motiva que, daí em diante, todos os migrantes vindos do Norte e depois do Nordeste sejam chamados pejorativamente de baianos, que remete a uma população negra, pobre, dedicada às atividades mais desvalorizadas do mercado de trabalho, como aquelas ligadas à construção civil, ao comércio informal, aos empregos domésticos e que cultivam hábitos e costumes vistos como pouco civilizados, rudes, em descompasso com a polidez e os códigos que regem a urbanidade. Uma baianada passa a ser toda atitude que desobedece a estes códigos pretensamente mais civilizados e modernos de se comportar, assim como tudo que é considerado um malfeito é visto como coisa de baiano. Até as barras de concreto que dividem determinadas avenidas ou ruas são chamadas de gelo baiano. Esta população vai ser, inclusive, vítima da perseguição policial que busca inibir a realização de algumas de suas manifestações culturais como o candomblé e a capoeira.

Mas a ideia de Nordeste vai emergir, justamente, num momento em que, de modo excepcional, um homem vindo de um pequeno Estado do Norte assume a presidência da república, já que os Partidos Republicanos paulista e mineiro, que se revezavam no controle do poder nacional, não chegaram a um acordo para a sucessão presidencial, resolvendo escolher um representante de um pequeno estado, que pudesse ser melhor controlado, recaindo a escolha sobre Epitácio Pessoa, pelo destaque nacional que este tivera com sua participação como representante do Brasil na assinatura dos acordos que puseram fim à Primeira Guerra e que deram origem à Liga das Nações. Ao assumir o poder, no entanto, ao contrário do que esperavam mineiros e paulistas, Epitácio idealizou a realização de um conjunto de obras contra as secas, que significava a transferência de um volumoso aporte de recursos para o Norte do país, contra o qual se levantaram as bancadas ligadas à produção cafeeira, atividade que desde o chamado Convênio de

Taubaté (1906), dependia do aporte de recursos federais para a compra dos estoques excedentes visando à elevação artificial do preço do produto no mercado externo. Para realizar este conjunto de obras, o governo Epitácio Pessoa vai se aproveitar da reformulação sofrida pela Inspetoria de Obras Contra as Secas, o IOCS, instituição criada ainda em 1909, e que representará, juntamente com o a inclusão da seca como calamidade pública, no capítulo V da Constituição Federal de 1891, as primeiras vitórias, no plano político, do discurso da seca, entoado pelas elites do Norte, desde a chamada grande seca do século anterior. Esta será transformada na IFOCS (Inspetoria Federal de Obras Contra as Secas), já em 1919, durante a breve gestão de Delfim Moreira, pouco antes de iniciar seu primeiro ano de governo. É justamente no documento de criação desta Inspetoria, ao definir sua área de atuação, que o termo nordeste aparece. O Nordeste nasce, portanto, associado à ocorrência do fenômeno das secas, que passa a ser quase um monopólio deste espaço, já que as demais áreas do país passam a sofrer estiagens e não secas, assim como passa a monopolizar a expressão sertão, para se referir às terras que ficam no interior, já que este também ficou associado no imaginário nacional ao espaço de ocorrência das secas. Mas, este conjunto de obras, idealizadas pelo governo Epitácio, mais uma vez reforçarão a imagem de corrupção e de aplicação improdutiva do dinheiro público, que já acompanhavam as obras ou qualquer tipo de iniciativa destinada a — como gostavam de dizer as elites nortistas e agora as nordestinas — resolver o problema das secas. As obras contra as secas, do governo Epitácio Pessoa, ao ser submetidas ao crivo da fiscalização de mais uma CPI, criada no governo subsequente do mineiro Artur Bernardes, se mostraram uma gigantesca fonte de corrupção, e um fracasso rotundo, já que grande parte dos recursos ou haviam sido desviados para outros fins, pelas próprias autoridades estaduais, ou haviam servido para construir apenas megalomaníacas obras de infraestrutura, para a posterior efetivação das obras como: vilas operárias, com casas luxuosas para os diretores das obras, a importação e o transporte para o interior de grandes máquinas perfuratrizes, a construção de sistemas de abastecimento de água e esgotos nos canteiros de obra, que haviam consumido grande parte dos recursos que escaparam da corrupção. Ao visitarem o que seria um porto a ser construído no rio Sanhauá, nas proximidades da cidade da Paraíba, atual João Pessoa, fazendo com que esta não dependesse do porto de Cabedelo, obra que representaria o maior investimento feito pelo governo do presidente em sua terra natal, onde seu grupo político assumira a hegemonia inconteste, os membros da CPI encontram apenas quatro estacas de cimento fincadas no leito do rio. Elas continuam até hoje lá, próximas do que hoje é a estação rodoviária da cidade, como monumentos à corrupção e incúria administrativas.

Será, no entanto, na década de 1920 do século passado que, esta designação nordeste, que aparecera no documento de criação do IFOCS como uma simples referência geográfica, a área localizada entre o norte e o leste, vai sendo dotada de significados, vai sendo preenchida com imagens e textos que vão produzindo, em grande medida, a forma como vemos e dizemos a região ainda hoje, assim como seus habitantes. Políticos, jornalistas, escritores, poetas, pintores, historiadores, sociólogos, folcloristas, vão articular toda uma produção cultural em torno desta ideia de Nordeste, tornando este espaço visível e dizível, tornando esta designação um conceito em torno do qual se articulam demandas econômicas e políticas e se elabora conjunto de narrativas e de símbolos que o vão definir. Grande parte desta produção discursiva foi feita por representantes das elites políticas e intelectuais ligadas às atividades agrárias em declínio econômico e que vão pensar a região a partir da ideia do declínio e da decadência. O Nordeste já nasce pensado como um espaço que está ficando para trás no processo de desenvolvimento do país, uma área que representaria o que chamavam de uma civilização em vias de desaparecer. Civilização cujo núcleo teria sido a casa-grande e a senzala, a família patriarcal e a capela, bases da formação do Brasil como nacionalidade. Muitos destes intelectuais que pensaram e definiram o que seria o Nordeste e ser nordestino estudaram na Faculdade de Direito do Recife ou no Seminário de Olinda, onde entabularam relações de amizade e de cooperação intelectual, que serão fundamentais para que, no momento em que voltam aos seus estados, aqueles limítrofes a Pernambuco, e assumam cargos de destaque na esfera política ou cultural, partilhem concepções comuns, tenham projetos comuns, como o que chamariam de defesa ou de edificação do que seria a nordestinidade. A ideia de Nordeste e de ser nordestino surge, pois, entre as elites; ela só vai se popularizar ao longo da década de 1930. E das elites dos estados que giravam econômica, política e intelectualmente em torno de Pernambuco, mais particularmente da cidade do Recife, principal porto exportador e centro cultural deste espaço. Tanto é assim que, quando é reconhecida oficialmente como região brasileira, na primeira divisão regional do Brasil, feita em 1941, pelo recém-criado Instituto Brasileiro de Geografia e Estatística, o Nordeste se resumia aos estados cujas áreas estiveram sob a influência da capitania de Pernambuco, sendo esta responsável, inclusive, pela conquista de seus territórios para a colonização portuguesa, ainda no período colonial: Alagoas, Paraíba, Rio Grande do Norte, Ceará e o próprio Pernambuco.

Para a construção da ideia de Nordeste foi fundamental o movimento cultural e artístico, encabeçado por Gilberto Freyre, que tem como ponto de partida, justamente, a cidade do Recife, o Movimento Regionalista e Tradicionalista, que se articula em torno do Centro Regionalista do Nordeste, criado em 1924, e que tem como ponto culminante a realização do Congresso Regionalista do Recife, durante o carnaval de 1926. Este movimento e a forma como pensou a região é fundamental para que nós entendamos porque, ainda hoje, o Nordeste é pensado como o lugar da tradição, enquanto São Paulo é pensado como o lugar do moderno, do desenvolvido, do em dia com o tempo presente, forma como o Movimento Modernista, contra o qual o Movimento Regionalista se levantava, pensou e disse o ser paulista, notadamente, o ser paulistano. O movimento regionalista pensou o Nordeste a partir de uma rejeição ao mundo moderno que se implantava, de uma repulsa à sociedade burguesa, urbana e industrial, que dava claros sinais de implantação numa cidade como o Recife. O Nordeste é, portanto, visto como um espaço que deveria preservar o passado, um passado que teria sido aristocrático e glorioso. É impressionante como entre as elites nordestinas, ainda hoje, encontramos presente este imaginário aristocrático, esta saudade do Império e até da sociedade medieval. Vez por outra encontramos castelos medievais construídos em pleno sertão ou mesmo em capitais modernas da região, para servir de moradia a pretensos aristocratas fora de época.

Enquanto a identidade paulista vai ser construída a partir do deslumbramento com a sociedade burguesa, com o moderno, com o urbano, com o tecnológico, a identidade nordestina vai ser construída a partir da reação conservadora à sociedade capitalista que está se implantando no país, em detrimento das elites tradicionais do espaço que estava se tornando o Nordeste. Grande parte da produção cultural que vai se nomear de nordestina será marcada por uma indisfarçável saudade da sociedade escravista, do Império e da vida rural. Isto é fundamental para entendermos porque hoje sofremos preconceito ao sermos vistos como pessoas atrasadas, incapazes de acompanhar a vida moderna, a vida na grande cidade; imagem que será reforçada quando, nos anos 1940, intensifica-se a migração de nordestinos para as grandes metrópoles do Sul, em busca de vagas abertas na indústria em expansão. A maior parte destes migrantes vem da zona rural, a maioria não tem o mínimo domínio dos códigos que regem a vida numa grande cidade; seus hábitos, costumes, formas de se comportar, concepções, formas de pensar, de andar, de falar, estão marcadas por sua vivência no campo e por sua condição social de homens pobres, analfabetos, submetidos a uma dura rotina de trabalho e a muitas privações, o que reforçará esta imagem, construída pelas próprias elites nordestinas, em seus discursos políticos e culturais, de que seríamos uma região presa ao passado, uma região que reagia, inclusive, aos padrões modernos da sociedade ocidental.

O movimento regionalista e tradicionalista, embora se diga um movimento não separatista, vai representar, claramente, uma reação política das novas gerações das elites tradicionais, que veem seus horizontes profissionais se reduzir, à medida que as atividades ligadas à produção do açúcar vivem uma grave crise, com um processo de concentração da propriedade da terra, trazido pela implantação das usinas, que empobrece e desclassifica muitas das antigas famílias tradicionais nestes estados, tornando o futuro destas novas gerações completamente incerto. Ser nordestino começa a ser visto e dito como ser menor, dentro do conserto da economia e da política nacionais, é ter menos oportunidade, é ter menores esperanças, começando a se gestar o complexo de inferioridade que acompanha boa parte da população desta região, acompanhando no mesmo passo a gestação do complexo de superioridade tão presente entre sulistas. O único espaço que ainda resta para estas elites letradas, o único capital que resta a muitos, depois da falência de suas famílias, é o capital intelectual, é o fato de possuírem o domínio das letras num país de analfabetos, daí porque o movimento regionalista busca se contrapor ao projeto paulista de hegemonia também no plano cultural, claramente representado pelo modernismo. A reação ao modernismo nasce, também, da tentativa de preservar o último espaço que possuíam estes filhos de grandes proprietários de terra em declínio. Este capital cultural poderia, inclusive, vir a se tornar capital político, à medida que podia colocar suas penas ou seus dotes artísticos a serviço das novas elites dirigentes, dos novos ricos, das novas forças políticas que emergiam na sociedade, como as classes médias, os militares e até o operariado.

A primeira imagem do Nordeste, por ser elaborada por intelectuais ligados à sociedade açucareira, vai tomar os engenhos como sendo o núcleo formador deste espaço. Sua economia, suas elites políticas, sua estrutura social, sua produção cultural, estariam marcadas pela civilização que se desenvolveu em torno da casa-grande; sociedade aristocrática, multirracial, mestiça, rural, católica, marcada por festas e rituais que seriam agora curiosidades nomeadas de folclóricas. Esta imagem tem a sua elaboração definitiva e mais sofisticada no livro *Nordeste* de Gilberto Freyre, publicado em 1937, uma das primeiras abordagens da história no Brasil que toma como elemento central da reflexão a relação entre homem e meio ambiente, homem e natureza, história e espaços. Esta é outra imagem que marca poderosamente o ser do Nordeste, a ideia de que somos uma região caracterizada por uma cultura folclórica, uma cultura que remete para este passado, onde as manifestações culturais congregariam harmoniosamente em torno do terreiro da casa-grande ou nas ruas estreitas e ladeirosas das primeiras vilas e cidades, quase sempre no pátio das igrejas, todas as classes sociais. Ricos e pobres gostavam e contribuíam, cada um a seu modo e dentro de suas posses, para a realização destas manifestações culturais, muitas delas ligadas ao calendário religioso católico, que serviriam para congregar e harmonizar os vários grupos sociais e, ao mesmo tempo, manter e legitimar estas hierarquias sociais, que a sociedade burguesa, em seu democratismo liberal, ameaçava destruir, para a afronta dos ricos e o desamparo dos pobres, que perdiam, assim, a ajuda paternal dos mais abastados. Esta ênfase nas relações sociais marcadas pelo personalismo, pelo apadrinhamento, pelo compadrio, também é outra imagem que se perpetua até hoje sobre a região e que está longe de ser uma simples imagem, pois este imaginário serve para a perpetuação deste tipo de dependência pessoal entre elementos de diferentes classes, uma das fontes de corrupção e nepotismo em nossa sociedade.

A literatura, o teatro, a pintura, o cinema regionalistas, quase sempre não conseguem fugir desta folclorização da cultura nordestina. Os elementos culturais que são escolhidos para representar a nordestinidade remetem a região para um estágio pré-industrial, artesanal. Enquanto os turistas vão a São Paulo para comprar a última moda e os eletrônicos e eletrodomésticos mais modernos, vão ao Nordeste para comprar artesanato. Mesmo em locais destinados a representar o Nordeste nas grandes cidades do país, como a feira de São Cristóvão no Rio de Janeiro ou o largo 13 de Maio em São Paulo, o que representa o Nordeste é o artesanato e não a grande indústria. O Nordeste foi desenhado por suas elites como um espaço preso ao passado, reativo às mudanças trazidas pela história, que ameaçavam suas fortunas e seus privilégios, por isso esta região foi pensada, principalmente, a partir do culto à memória de uma dominação, a das elites agrárias tradicionais, relembrada como o momento de fausto e de glória da própria região, que se via agora empobrecida e humilhada pela atuação discriminatória do Estado e a ambição desmedida de outras áreas do país. A ideia de que o Nordeste e sua cultura precisavam ser defendidos de sua descaracterização, das ameaças do cosmopolitismo e da modernidade, do que vem de fora e retiraria a autenticidade, a pureza e a originalidade da cultura regional nordestina, aquela que seria, inclusive, a cultura mais verdadeiramente brasileira, as nossas raízes culturais, pois teria sido nesta região onde primeiro se deu o encontro e mestiçagem das três raças formadoras e não teria este espaço sofrido a influência deletéria e descaracterizadora da imigração estrangeira, continuam sendo repetidas por muitos artistas, por muitos gestores de políticas culturais da região, inclusive por grandes ícones da cultura regional. Quando, na verdade, esta defesa de uma cultura trazia e traz embutida a defesa de uma dominação, de um espaço de domínio que se via ameaçado pela hegemonia de outras parcelas das classes dominantes no Brasil. O Nordeste, como a maior parte dos espaços regionais, é recortado do todo nacional para servir de trincheira e representar uma dada dominação política e social, que se expressa de maneira territorial. O Nordeste nasce como o último território de domínio que sobrou para as elites agrárias do Norte, que antes dominavam o espaço nacional e agora se viam arrinconadas e reduzidas à dominação sobre apenas uma área do país. Daí porque o regionalismo nordestino é muito mais militante do que o paulista, já que este só se expressará de forma clara em momentos em que a dominação da nação, por parte de suas elites, se vê ameaçada, como ocorreu logo após 1930; quando não, quase sempre as elites paulistas falam em nome da nação, do mesmo modo que os historiadores paulistas, mesmo falando de sua cidade, fazem história nacional, e os nordestinos, escrevendo sobre os nove estados, fazem história regional, divisão nacional do trabalho intelectual, que repercute a divisão de poder em nível nacional entre os diferentes espaços e elites econômicas, políticas e intelectuais.

Mas há um outro Nordeste, aquele que aparecerá definitivamente elaborado nas páginas do livro de Djacir Menezes, também publicado em 1937, sob os auspícios de Gilberto Freyre, que dirigia a coleção *Documentos Brasileiros*, da qual fará parte *O outro Nordeste*. É o Nordeste pensado a partir do espaço sertanejo, o Nordeste escrito e dito pelos intelectuais ligados às elites agrárias do interior, que se dedicavam à pecuária e à produção algodoeira, notadamente, nos estados da Paraíba, Rio Grande do Norte e Ceará. Nordeste que terá seu texto e sua imagem articulados em torno de quatro temáticas, fundamentais para entendermos também muitos dos estereótipos e preconceitos de que são vítimas os nordestinos: a seca, o coronelismo, o cangaço e o messianismo ou o fanatismo religioso. Este Nordeste, construído a partir do que seria a realidade sertaneja, vai retomar aquelas imagens e aqueles enunciados que haviam sido produzidos, no século XIX e início do século XX, em torno do sertão, do sertanejo e da seca. Figuras como as do flagelado e do retirante ou mesmo a narrativa da retirada, temáticas que vão surgir, por exemplo, na literatura cearense do final do século anterior, vão ser retomadas e agora agregadas ao conceito de Nordeste. Ao contrário do Nordeste das elites açucareiras, este Nordeste é descrito como uma região de terras áridas, gretadas, onde só predomina o verde do juazeiro ou a vegetação de cactos, vegetação hostil, agressiva, espinhenta como o próprio homem que aí habita, descendente mestiço da coragem e vigor dos homens brancos, capazes de se embrenhar e conquistar aquelas matas, e do indígena rebelde, aqueles que resistiram até o último momento. Esta imagem é tão poderosa que, muitas vezes, presenciei visitantes do Sul do país, ao chegarem pela primeira vez ao Nordeste, se espantarem por encontrar a vegetação verde. Muitos ficam a procurar as terras gretadas, os cactos e as caveiras de animais mortos pela seca, que são imagens símbolo da região, elementos que compõem o que se convencionou ser a paisagem nordestina, construída pelas narrativas literárias, com suas ilustrações, pela pintura ou pelo cinema de temática nordestina.

O discurso da seca, uma arma poderosa das elites nordestinas para reivindicar verbas, empregos, investimentos, privilégios de toda sorte junto ao governo federal, usada ao longo de todo o século XX, vai tomar este fenômeno como explicativo de todos os problemas econômicos, sociais e políticos enfrentados por este espaço. A migração crescente de nordestinos para os grandes centros urbanos do Sul, que vai se incrementar a partir dos anos 1930, notadamente quando no final desta década se constrói a rodovia Rio-Bahia, e os caminhões paus-de-arara começam a circular, acabando com a peregrinação a pé até a cidade de Juazeiro, na Bahia, a descida do rio São Francisco em barcos até a cidade de Pirapora, em Minas Gerais, onde se tomava o trem até São Paulo ou o Rio para realizar a migração, é atribuída e explicada pela ocorrência das secas, marcando todos os migrantes nordestinos com a pecha de retirantes ou flagelados, quando, na verdade, esta vinha apenas a agravar as causas mais fundamentais deste processo migratório que eram a concentração da propriedade da terra na região, as péssimas condições de trabalho oferecidas por uma economia em estágio ainda incipiente de capitalização e as modalidades de relações de trabalho aí prevalecentes, que não privilegiavam o assalariamento, nem respeitavam as leis trabalhistas, daí porque para a maioria dos migrantes nordestinos receber salário e ter a sua carteira de trabalho assinada se transformam numa verdadeira conquista, uma espécie de símbolo de sua mudança de vida e *status* ao se mudarem para o Sul do país.

A seca também é usada como explicação para a emergência do fenômeno do cangaço, um banditismo rural que teria surgido com a grande seca de 1877. O cangaço, na verdade, é um prolongamento do uso sistemático da força e da violência de verdadeiras milícias privadas, compostas por homens pobres a serviço dos grandes proprietários de terra, homens conhecidos como jagunços, que eram usados para resolver desde disputas em torno da terra, em torno de cargos públicos, querelas de família, até para simplesmente ocupar e se apropriar de terras alheias, eco de como grande parte das sesmarias do sertão foram conquistadas. O cangaceiro, no geral, era um jagunço que passou a atuar de forma independente, ou seja, já não mais obedecia às ordens de um coronel, embora contasse com a ajuda e os favores de muitos deles para sobreviver, que descobre esta outra forma de sobreviver, ou seja, saqueando, roubando ou chantageando os poderosos e, no fundo, aspirando a ser como eles. Se até a década de 1940 do século passado, enquanto estão em plena atuação, os cangaceiros aparecem no discurso das elites nordestinas como facínoras, são descritos como verdadeiras feras humanas, como produto espúrio e mal-acabado de uma mestiçagem desordenada, produzindo homens marcados por taras congênitas, verdadeiros abortos da raça humana; depois que o governo Vargas decreta o fim do cangaço, proibindo que se use esse termo para designar qualquer crime ou criminoso, o crime do homem pobre perde sua aura de heroísmo que possuía entre as camadas populares e passa a frequentar apenas as páginas policiais. A presença da repressão estatal se faz muito mais forte no interior, com a melhoria dos meios de transporte e a migração torna-se agora a alternativa de vida para os que antes só viam como saída o cangaço. É quando, contraditoriamente, esta figura começa a se tornar um símbolo da região, começa a se tornar, já com o romance de 1930, em livros como *Os cangaceiros* de José Lins do Rego, uma expressão da forma de ser nordestino, valente, heroico e resistente. A presença da temática do cangaço na literatura de cordel, expressão literária popular que se faz presente neste espaço, desde o final do século XIX, e que também vai ser eleita para representar a nordestinidade cultural, inspirando a forma de escrever de muitos autores regionalistas, vai dando a este personagem uma centralidade na hora de se definir como é o nordestino. A consequência é que o nordestino passa a ser visto, em outras regiões, como um homem que tende à violência, como um homem disposto a puxar a sua peixeira de picar fumo a qualquer hora e em qualquer lugar, para perfurar a barriga do primeiro que aparecer. Até os anos 1970, em São Paulo, encontramos notícias, nos jornais, que dão conta da repressão que a polícia fazia aos forrós ou a qualquer ajuntamento de nordestinos, na cidade, porque nestas ocasiões o receio é que houvesse violência e crimes de morte. Embora o banditismo rural não tenha sido uma exclusividade do Nordeste, muito menos o uso da violência privada, pois o jaguncismo foi um fenômeno espalhado por todo o país e o uso de milícias privadas continua até hoje em determinadas áreas do país, por causa da figura do cangaceiro, o Nordeste e o nordestino ficaram marcados por esta aura e esta mística da violência e da agressividade, vistas como bárbaras ou semibárbaras.

Esta imagem do nordestino como sendo uma figura violenta, como sendo uma figura masculina, viril, rude, autoritária, vai ser reforçada através de outro personagem central na elaboração da figura do nordestino, que é a figura do coronel. Também o coronelismo, que foi um fenômeno presente em todo o Brasil, continua sendo associado até hoje ao Nordeste. Nesta região, o coronelismo parece nunca acabar, e demonstrando uma enorme falta de imaginação conceitual, a imprensa e a própria academia continuam a usar esta expressão para descrever certos fenômenos políticos ou certas figuras políticas de destaque nesta região. Mas é inegável que o mito do coronel continua a povoar o imaginário político no Brasil.

Há até um desejo de ser ou de ter sido coronel, o que talvez explique o enorme sucesso que este personagem faz na mídia; novela ou minissérie que tem como personagem um coronel conseguem sucesso garantido. O coronel encarnaria o poder ilimitado, com que talvez muitos sonhem, aquele que casa e batiza, que solta e manda prender, aquele que seria dono de tudo e de todos à sua volta, aquele que, remontando à escravidão, pode se apossar, inclusive, dos corpos alheios, pode comprar a mulher para lhe servir na cozinha e na cama, pode dispor da vida dos seus agregados e protegidos para fazer a guerra a seus inimigos ou para apoiar as suas pretensões políticas. Embora a expressão coronelismo tenha surgido, com a República, para descrever as práticas políticas aí prevalecentes, já que muitos chefes da política local eram coronéis da Guarda Nacional, não há personagem menos republicano do que este, pois ele se caracteriza pela desobediência às leis e às autoridades constituídas. Talvez seja esse também um elemento do fascínio que exerce — o coronel era a lei e a autoridade onde chegava, seu poder era discricionário e quase absoluto. Mas, por outro lado, a partir de 1930, quando o regime que se instala no país tem, como elemento central no discurso que o legitima, a ideia de que veio para acabar com o coronelismo, com o predomínio das oligarquias, o coronelismo passa a ser visto como uma forma velha e ultrapassada de fazer política, embora muitas de suas práticas continuassem vigentes nos novos tempos, e o coronel passa a ser visto como uma figura do passado, uma figura bronca e atrasada, incapaz de responder política e administrativamente às novas exigências trazidas pelo mundo moderno, pela sociedade urbano-industrial. O coronel vai acabar por se tornar um personagem caricato, motivo de riso nas chanchadas da Atlântida, dos anos 1950, nos filmes de Mazzaropi dos anos 1960 ou das novelas da televisão dos anos 1970, como *O bem-amado*, sinônimo de um personagem fora do tempo, um elemento a mais na visão preconceituosa com que os citadinos costumam ver o homem do campo no Brasil. O nordestino, visto também como um homem rural, herdará da figura do coronel, ao mesmo tempo, esta imagem de ser um personagem de outros tempos, um personagem sempre em atraso com a modernidade, um homem bronco, rude, autoritário, violento, discricionário, politicamente primário, incapaz do ponto de vista da gestão pública, dedicando-se apenas à troca de favores, ao personalismo e ao nepotismo, preconceitos que vêm à tona quando qualquer episódio ou personagem da política brasileira parece confirmá-los, como ocorreu no recente episódio da eleição de um presidente da Câmara dos Deputados, que parecia em tudo confirmar este estereótipo, mesmo que muitos outros nordestinos tenham exercido a presidência, inclusive do Congresso, sem necessariamente ter esses comportamentos.

As manifestações de religiosidade popular, um fato também presente em todas as regiões do Brasil, vão ganhar um tom especial quando se tratar daquelas ocorridas no Nordeste. A produção literária, artística e até acadêmica, feita na região, tem uma boa dose de responsabilidade ao, permanentemente, reafirmarem esta temática, juntamente com a da seca, do cangaço e do coronelismo, como as temáticas regionais, por excelência. É estarrecedor o fato, por exemplo, de que mesmo nas Universidades nordestinas, até muito recentemente, o fenômeno urbano regional quase não tivesse despertado interesse, como tema de teses, dissertações ou monografias. Mesmo o Nordeste sendo, desde a década de 1970, uma região onde a maior parte da população vive nas cidades e a região abrigue algumas das maiores metrópoles do país, durante muito tempo o Nordeste continuou a ser visto e tratado como uma região rural. A região, a julgar por sua produção cultural e artística, parece ter parado no tempo, não ter história, pelo menos até os anos 80 do século passado. Este fato talvez se explique, justamente, pela reação contra a história presente em muitos dos representantes de suas elites. Boa parte das elites nordestinas, notadamente aquelas que não abandonaram a região, que não migraram para fazer a vida no Sul do país, porque a migração não é um fenômeno que atinge apenas as camadas populares do Nordeste, fato muito estudado e enfatizado, mas atinge boa parte de suas elites políticas, intelectuais e artísticas, fenômeno pouco estudado, já que o centro cultural do país, ao se localizar no Centro-Sul, exigiu da maioria daqueles que queriam viver de suas atividades artísticas, literárias ou culturais, que migrassem para os grandes centros, desfalcando a região de boa parte daqueles que conseguiram ter uma melhor formação educacional, são reativos às mudanças históricas, porque estas se fazem em detrimento do *status* e da hegemonia econômica e política que possuíam, seja em nível nacional, seja em nível regional.

O fanatismo religioso é tomado como mais um indício do atraso, inclusive mental e psicológico, em que viveriam as populações pobres da região. Fenômenos de grande repercussão nacional como o de Canudos e de Juazeiro do Norte, encabeçados por Antônio Conselheiro e Padre Cícero, contribuíram para que o Nordeste fosse visto como a região da religiosidade popular, por excelência. O nordestino passa a ser marcado pela figura do beato ou da beata, homens e mulheres à beira da insânia em suas crenças, cheias de superstições e crendices que misturavam, desordenadamente, elementos religiosos de matrizes culturais diversas, sincretizando crenças católicas, com crenças animistas ou fetichistas de origem africana ou indígena. O romeiro, figura que ficou nacionalmente conhecida, quando em 1914 defendeu Juazeiro do Norte das tropas de Franco Rabelo, presidente de estado que havia assumido o poder no Ceará, dentro do processo conhecido como salvações, patrocinado pelo governo Hermes da Fonseca, terminando por invadir a cidade de Fortaleza e restabelecer o domínio da oligarquia Accioly, também vai estar associado à figura do nordestino, que passa a ser visto como este homem de fé, homem simples, crédulo, capaz de acreditar nas mais disparatadas pregações e de perigosamente se entregar a qualquer ritual que ganhe a tonalidade da religiosidade. Numa sociedade que tende, cada vez mais, a se tornar dessacralizada e laica, como seria a sociedade burguesa, o nordestino, mais uma vez, parecia estar na contramão, ocupando o lugar da reação, do conservadorismo e da mentalidade atrasada e obscurantista.

A figura do nordestino, que começa a ser elaborada a partir dos anos 20 do século passado por uma vasta produção literária, artística e cultural, vai, pois, incorporar e congregar diferentes tipos que já haviam sido pensados anteriormente ou que estavam em pleno processo de elaboração, como: o cangaceiro, o jagunço, o coronel, o flagelado, o retirante, o beato, o romeiro, além dos tipos regionais anteriores àquelas denominações que eram usadas, antes que o termo nordestino surgisse, para nomear os habitantes deste espaço, como: o nortista, o brejeiro, o praieiro e o sertanejo. Todas estas figuras têm alguns traços em comum, que marcarão o próprio nordestino e serão uma das causas da forma estereotipada e preconceituosa como este tipo regional é visto e tratado, no Brasil, até hoje. Todas elas remetem o nordestino para ser elemento de uma sociedade rural, atrasada, pobre, rústica, de relações sociais violentas e discricionárias. Todas pensam o nordestino como uma figura masculina, não havendo lugar para traços associados à feminilidade. O nordestino vai ser, ainda hoje, visto como um cabra-macho, como um cabra da peste, aquele que enfrenta qualquer situação para defender sua honra e para provar a sua condição de homem. Este mito do cabra-macho me parece, na verdade, uma forma de compensação, uma resposta compensatória, à crescente impotência econômica e política das elites deste espaço e que foi introjetado e assumido por grande parte da população. O migrante nordestino das camadas populares, quase sempre colocado em posição de inferioridade e subordinação no ambiente de trabalho e nas relações sociais que estabelece nas grandes cidades, inclusive da própria região, lança mão, muitas vezes, deste mito do cabra-macho para responder a esta situação de subordinação ou mesmo afrontar uma situação de humilhação insuportável, gerando muitos dos atos de violência que irão marcar negativamente a figura do nordestino no Sul do país, ou a figura do sertanejo nas grandes cidades da região Nordeste.

A mulher nordestina das camadas populares, que muitas vezes tem que assumir as atividades que eram realizadas por seus maridos, obrigados a migrar sazonalmente em busca de trabalho, também aparecerá masculinizada, em grande parte da produção cultural e artística que se nomeia de regionalista ou nordestina. A mulher nordestina vai ser apresentada, quase sempre, como uma mulher capaz de assumir qualquer trabalho, por mais duro que seja, mulher arraigada a valores morais rígidos e tradicionais. Mulheres sérias, companheiras de homens trabalhadores, como serão apresentadas pelas músicas de Luiz Gonzaga. Mulher-macho, imagem polêmica que também foi consagrada por composição de Humberto Teixeira, musicada e cantada por Luiz Gonzaga, como tema de campanha política de José Américo ao governo da Paraíba, em 1950, quando se referia ao estado e buscava fazer-lhe um elogio por sua participação no movimento de 1930, do qual Américo havia sido um destacado participante. Assim para se elogiar uma mulher, na região, se diz que ela é macho, já que a feminilidade, em uma sociedade marcada pelo machismo, não parece ser um atributo de muito valor. Esta imagem terminou por ser generalizada para todas as nordestinas, até porque, no Rio de Janeiro, "paraíba" veio a se tornar o nome genérico para designar todos os nordestinos, desde que, a partir dos anos 1930, passou a predominar, notadamente na corrente migratória que se dirigia para aquele estado, não mais os baianos, mas as populações vindas dos estados mais ao norte, como pernambucanos, cearenses, potiguares e paraibanos. As nordestinas passam a ser vistas como mulheres pouco atrativas, muito trabalhadoras e seguidoras de valores morais bastante rígidos, por isso mesmo, sendo boas mulheres para o casamento, mas nunca para o romance ou a aventura.

Muitos dos discursos que construíram a figura do nordestino, nos anos 1920, estavam marcados, ainda, por concepções eugenistas e social-darwinistas. Em muitos deles o atraso da região, sua crise econômica e social, eram atribuídas à composição de sua população, majoritariamente mestiça. Muitos lamentavam que este espaço não tivesse sofrido a injeção de sangue ariano e europeu, da forma como havia ocorrido com São Paulo, fator que teria sido decisivo para o desenvolvimento daquela terra. Ao mestiço, notadamente ao mulato, era associada a ideia de que seria preguiçoso, resistente ao trabalho regular, instável do ponto de vista psicológico, já que oscilaria entre as heranças raciais que encarnava. Estas abordagens racistas continuam presentes em alguns estereótipos que acompanham os nordestinos, ainda hoje, como aquela que, nos anos 1980, chegou a preconizar a formação de uma suposta sub-raça na região, uma raça de nanicos, fruto da subnutrição e dos efeitos das estiagens sobre a dieta das populações, encarnada pela figura do homem-gabiru. Este racismo, que leva o nordestino a ser uma das vítimas privilegiadas dos grupos neonazistas, também se faz presente no estereótipo do cabeça-chata, que para além de ser uma forma bem-humorada de se referir, notadamente aos cearenses, carrega uma imagem estereotipada e pejorativa do próprio corpo do nordestino: corpo supostamente disforme, corpo flagelado, corpo feio, que não segue os padrões de beleza predominantes, elaborado por muitas narrativas feitas na própria região. O nordestino, normalmente, é visto como sendo de baixa estatura, de cabeça grande, trazendo no corpo os estigmas de sua origem rural, as marcas deixadas por suas duras atividades de trabalho, corpo pouco higiênico e pouco eugênico, composto, como o sertanejo de Euclides da Cunha, por gestos desencontrados e de transições inesperadas, um Quasímodo que pode se estadear em Hércules ou titã, dependendo da situação. Haveria, pretensamente, um tipo nordestino, poder-se-ia identificá-lo bastando olhar, quando é suficiente qualquer visita à região para se perceber que no Nordeste, como em qualquer parte do Brasil, há tipos para todos os gostos, até porque os nordestinos estão presentes e compõem a população de qualquer região do país, onde supostamente viveriam estes tipos mais belos de brasileiros e estas cabeças redondas e perfeitas.

Outras das narrativas que produziram a identidade nordestina associavam-na diretamente ao meio em que vivia. O nordestino seria produto da natureza hostil que o cercava, seria um homem telúrico, figurando em seu corpo e mente a paisagem desolada e rude em que tinha que viver. Era quase um homem-cacto, um homem-caatinga, por isso mesmo um ser seco, espinhento, agressivo, inóspito, hostil, pouco acolhedor, sofrido, torturado, de natureza imprevisível. Esta visão de que o nordestino é um homem próximo à natureza, também o estigmatizou como sendo um homem incapaz de conviver com o fenômeno urbano. Temos que chamar a atenção para um fator decisivo para entendermos a forma preconceituosa como o nordestino é tratado em todo o país, mas principalmente nas grandes cidades do Sudeste, foi a concorrência pelo mercado de trabalho entre a população migrante nordestina, as populações locais e as populações de imigrantes estrangeiros. A formação da classe operária no Brasil, notadamente, a partir dos anos 1930, teve a contribuição decisiva dos migrantes nordestinos, como fica patente se olharmos para as principais lideranças do movimento operário brasileiro, a partir da abertura política do final dos anos 1970, quase todas de origem nordestina, inclusive a maior delas, que hoje é o Presidente da República, vítima constante de preconceitos, não só de classe, mas de origem geográfica. Esta constituição da classe operária gerou inúmeras tensões e conflitos que se expressaram também através da estereotipia dos grupos concorrentes, como é o caso dos portugueses no Rio de Janeiro, dos japoneses em São Paulo e dos nordestinos nas duas cidades. Em São Paulo, o nordestino teve que enfrentar, inclusive, preconceitos de fundo racial, já que muitos imigrantes estrangeiros, assimilando o próprio discurso das elites paulistas, vão se considerar superiores por pretensamente serem brancos, enquanto os nordestinos seriam negros ou mestiços.

Esta pouca capacidade de lidar com o fenômeno urbano, atribuída a grande parte dos nordestinos, sua origem rural, foi inclusive um argumento utilizado por boa parte da produção sociológica e historiográfica que, desde os anos 1970 do século passado, procurou fazer a história da classe operária no Brasil, para explicar o pretenso peleguismo das principais lideranças operárias, que teriam aderido ao trabalhismo e ao sindicalismo oficial a partir dos anos 1930. Talvez sem se dar conta, reproduziam academicamente o preconceito, contra o nordestino e por extensão contra o trabalhador nacional, vigente desde o final do século XIX. Se haviam sido os imigrantes europeus que teriam constituído as primeiras organizações operárias e teriam sido responsáveis pelos primeiros movimentos operários e por suas primeiras conquistas sociais, fora o trabalhador nacional e, principalmente, o nordestino que teria sido responsável pela desmobilização da classe operária, no pós-1930, e por sua adesão ao sindicalismo pelego. Autores como Aziz Simão e Leôncio Martins Rodrigues vão terminar por reforçar a imagem negativa construída sobre a classe operária brasileira, abordada sempre através da síndrome da falta, pois lhe faltava consciência, lhe faltava organização, lhe faltavam lideranças efetivas, lhe faltavam projetos políticos próprios. Estes intelectuais levarão um enorme susto e terão que rever suas interpretações quando, sem que esperassem ou previssem, os trabalhadores das cidades do ABC paulista, sob a liderança de muitos migrantes nordestinos, foram capazes de se mobilizar autonomamente, se organizar e enfrentar, não somente um dos setores mais poderosos da economia nacional, a indústria automobilística, como a própria ditadura militar.

O fato de que a maior parte dos migrantes nordestinos não possuíam qualificação profissional, indo ocupar as atividades mais desqualificadas, gestou um outro preconceito, que atinge, inclusive, os setores médios e intelectualizados da população da região, ou seja, a ideia de que o nordestino somente é capacitado para realizar trabalhos braçais e não atividades intelectuais. O mais sério deste estereótipo é que ele foi introjetado, não só por boa parte das camadas populares da região, como pelos próprios setores de nível educacional superior. Se há, principalmente em relação aos intelectuais e artistas que moram no Nordeste, que não migraram para as grandes cidades do Centro-Sul, uma visão preconceituosa, que os considera como tendo menor capacidade intelectual de que seus congêneres sulistas, há também o próprio complexo de inferioridade subjetivado por muitos intelectuais e artistas nordestinos, que realmente se veem como menores ou assumem uma postura de vítimas de uma desigualdade que os paralisa em suas iniciativas. Para estas camadas intelectualizadas, assim como para a maioria das camadas populares no Nordeste, vencer no Sul do país não é só um sonho, como a comprovação da superioridade da capacidade de trabalho ou da capacidade intelectual ou artística de quem vence. Gera-se uma situação em que é o Sul, como será depois o Sudeste, já que esta denominação regional só aparece depois da nova divisão regional do Brasil feita pelo IBGE em 1971, que irá sempre ser o avalista da qualidade do trabalhador, do intelectual ou do artista nordestino. A introjeção desta subalternidade origina também uma atitude de repúdio às suas próprias origens geográficas por uma parcela destes migrantes, que vitimados pelo preconceito, ao chegar à grande cidade do Sul, procuram negar ou apagar rapidamente as marcas que os identificariam como sendo pau-de-arara, mais um nome pejorativo que passa a receber a partir dos anos 1930. O migrante nordestino tenta assimilar, às vezes de uma forma inautêntica e caricatural, o que seria a forma paulista ou carioca de ser, de andar, de se vestir, de falar, de se comportar, buscando se diluir na multidão, se integrar à nova realidade em que chega. Muitas vezes, para se mostrar perfeitamente integrado ao ser paulista ou carioca, o próprio nordestino passa a reproduzir o preconceito contra aqueles que chegam da mesma região de onde veio, gerando assim o fato de que as novas levas de migrantes sejam discriminadas por aqueles que chegaram primeiro. Muitos dos filhos dos migrantes nordestinos, se nascidos já em São Paulo ou no Rio de Janeiro, irão negar veementemente as suas origens, e poderão também ridicularizar, até com maior ênfase, as pessoas que daí provêm, como forma de afirmarem sua paulistanidade ou sua carioquice.

    A identidade nordestina, elaborada entre as elites da região, a partir dos anos 1920, só vai se popularizar nas duas décadas seguintes. A maior parte dos homens pobres do Nordeste só se descobrem nordestinos e, portanto, conterrâneos, quando fora deste espaço, quando uma vez nas grandes cidades, do que se chama de região Leste, desde a divisão regional de 1940, mas que todos chamam genericamente de Sul, são vítimas dos mesmos preconceitos, partilham as mesmas condições de vida, os mesmos hábitos e costumes, participam das mesmas manifestações culturais. O nordestino se descobre como tal, mais fora da região do que nela própria, pois aí todos estão divididos pelas identidades estaduais, e as rivalidades que as segmentam. No Nordeste são cearenses, pernambucanos, paraibanos ou são sertanejos, brejeiros ou citadinos; é no Sul que se aproximam, se descobrem iguais, muito porque são assim vistos pelo olhar do outro, que também se vê unificado através da denominação de sulista. Pretensamente teriam, por exemplo, o mesmo sotaque, falariam como todo nortista ou todo nordestino fala, quando sabemos que não existe uma única maneira de falar, um único sotaque no Nordeste, somente nas novelas da televisão é que existe esse tal nordestinês. Em um mesmo estado do Nordeste, como Pernambuco ou Ceará, encontramos formas distintas de falar, diferentes sotaques. Não se fala da mesma forma em Recife e em Petrolina, como o sotaque das pessoas em Juazeiro do Norte não é o mesmo das pessoas que vivem em Fortaleza. No Nordeste existem diferentes falares, que não podem ser reduzidos a um rol de expressões bizarras, folclóricas, muitas retiradas do português arcaico, como aparece nos famosos dicionários de nordestinês publicados na própria região, a pretexto de reafirmar a identidade regional. Também não se pode reduzir as formas de falar na região ao vocabulário fruto do analfabetismo da maioria das pessoas pertencentes às camadas populares, principalmente até os anos 70 do século passado, e que vai ser consagrada, por exemplo, pelas composições musicais de Luiz Gonzaga. Músicas que, mesmo inconscientemente, vão favorecer o reforço da estereotipia em torno da figura do nordestino, vão reafirmar sua exclusão do mundo das letras e reafirmar a sua condição de seres que ficaram para trás no processo de desenvolvimento intelectual e cultural. É interessante chamarmos a atenção, neste sentido, para certa invisibilidade com que os intelectuais e artistas nordestinos, que migraram para o Sul e passaram a fazer sucesso e disputar de muito prestígio, dão ou sofrem de sua origem geográfica. Ao se tornarem pessoas de sucesso, ao ocuparem um lugar social que pretensamente não seria lugar de nordestino, é como se deixassem de sê-lo e passassem a ser mais um do Sul, até porque muitos assim o desejam ou preferem, mesmo processo que ocorre com os negros que parecem ir embranquecendo à medida e que sobem na escala social.

A música de Luiz Gonzaga é, justamente, uma das primeiras produções culturais populares voltadas para este migrante nordestino que vive nas grandes cidades do Sul e que assume esta identidade de nordestina. Gonzaga cria o baião e o nomeia de música nordestina, mesmo que este tenha sido criado no Rio de Janeiro, a partir de uma mistura de ritmos não apenas regionais, mas internacionais, já que iniciara a carreira gravando polcas, mazurcas, rancheiras, entre outros ritmos, sendo o baião, portanto, uma música urbana e que de tradicional nada tinha, música inventada como uma tradição e que consegue rapidamente fazer parte desta pretensa identidade regional. Vivíamos em plena era Vargas, em que a política cultural oficial se pauta pelos temas do nacional e do popular, sendo a nação representada pelo somatório de suas regiões e a Rádio Nacional, ligada diretamente ao Estado, incluía como uma das orientações de sua programação a veiculação das expressões culturais das várias regiões do país, dentro da política oficial de reforçar a ideia de nação e combater os regionalismos. Luiz Gonzaga vai surgir, na Rádio Nacional, como o representante da identidade musical nordestina, tanto que irá também inventar uma roupa que representaria esta nordestinidade, ao usar a indumentária normalmente usada pelo vaqueiro e um chapéu de cangaceiro, além de uma sandália de couro conhecida como sandália de rabicho. Mesmo tendo sofrido preconceito, no início de sua carreira, por seu sotaque e sua forma anasalada de falar, pelas próprias roupas que escolhera, seu talento, a qualidade da música que interpretava e o acerto de muitas das estratégias adotadas para sua promoção, como fazer *shows* pelo interior da região patrocinado por empresas como a Colírios Moura Brasil ou a Shell, fizeram de Gonzaga um ídolo daquelas populações nordestinas que viviam nas grandes cidades do Sul e que sentiam enorme saudade dos lugares de onde haviam saído, tema privilegiado de suas músicas, onde o sertão aparecia idealizado e este desejo de voltar era permanentemente repetido. Mas as músicas de Gonzaga também foram responsáveis pela veiculação daqueles temas que iriam servir para reforçar o preconceito contra o nordestino, como a percepção deste como sendo um matuto, que teria o jumento como irmão, homem atrapalhado com o mundo da cidade, homem simplório, desconectado com as transformações que se passam no mundo, que não sabe se automóvel é homem ou é mulher, homem reativo às transformações trazidas pela história, pela modernidade, homem moralista, machista, para quem cabeludo não tinha vez, embora suas músicas também tenham servido para questionar a própria forma como o nordestino era visto e para denunciar as condições de vida em que a maioria da população sertaneja vivia.

É também nos anos 1930 que surge um conjunto de obras literárias, fruto das transformações estéticas trazidas pelo modernismo e das sugestões temáticas colocadas pelo regionalismo e tradicionalismo, o chamado Romance de 30, que é fundamental para compreendermos muitas das imagens que ainda circulam sobre o Nordeste e o nordestino em outras áreas do país. São os autores mais lidos neste período, quase todos publicando na editora de maior prestígio, a editora José Olympio, e retomam em suas obras uma série de temas e figuras que já estavam presentes na produção regionalista do final do século XIX e início do século XX, mas vão dar a elas novo tratamento literário. Autores como José Américo de Almeida, José Lins do Rego, Raquel de Queiroz ou Graciliano Ramos, obras como *A bagaceira*, *Menino de engenho*, *Fogo morto*, *O Quinze*, *São Bernardo* ou *Vidas secas*, verdadeiros clássicos da literatura nacional, vão se constituir, para muitos habitantes de outras áreas do Brasil, que não tiveram ou não têm a oportunidade de visitar a região, como fonte de informação privilegiada sobre como a região e seu povo era ou é. Enfatizando aquelas quatro temáticas que basicamente definem a nordestinidade, ou seja, a seca, o coronelismo, o cangaço e o messianismo ou tratando do fausto da casa-grande, da sociedade açucareira e de seu declínio, estas obras vão reforçar e reafirmar toda uma mitologia em torno do espaço nordestino e de seus habitantes, reduzidos muitas vezes às figuras emblemáticas do retirante, do flagelado, do beato, do cangaceiro, do sertanejo, do coronel ou do senhor de engenho. Quando o nordestino chega às cidades do Sul ou mesmo à zona rural de outros estados, são muitas vezes recebidos a partir dos preconceitos que a leitura destas obras produziu. Devemos lembrar, ainda, que estas obras continham ilustrações que vão construir uma dada forma de ver o Nordeste, vão instituir uma dada paisagem nordestina, vão construir um corpo nordestino, que inspirarão, já nos anos 1940, pintores como Portinari ou Aldemir Martins, que reforçam certa maneira de ver a região e seu habitante, visibilidade transposta nas décadas seguintes para o cinema ou para a televisão. Estas obras construíram uma dada forma de olhar para o Nordeste, que a par com o próprio discurso lamuriento e pedinte de suas elites políticas, que transformam a própria região em um problema nacional, no final dos anos 1950 do século passado, só consegue enxergar as mesmas imagens. Mesmo com todas as transformações pelas quais passou este espaço, desde a década de 1970, o cinema nacional ou a televisão, com raras exceções, não conseguem ver no Nordeste a não ser as mesmas coisas: seca, cacto, caveira, retirante, cangaceiro, jagunço, coronel e até Padre Cícero ou Frei Damião redivivos, como no recente episódio da greve de fome feita pelo bispo de Barra (BA) contra a transposição das águas do rio São Francisco para os rios do sertão nordestino, quando chegou a ser comparado aos dois líderes carismáticos e santos populares da região. A cobertura da imprensa e dos meios de comunicação em geral, sobre o Nordeste, segue um dado padrão que foi, em grande medida, estabelecido, ainda nos anos 1930, por esta produção literária, iconográfica e pictórica.

Portanto, a forma como o nordestino foi pensado, foi construído por essa produção cultural, desde o início do século XX, é fundamental para compreendermos muitos dos estereótipos que circulam nacionalmente em torno do nordestino. É preciso que fique claro que não queremos dizer que muitos deles não se apoiem sobre eventos concretos, sobre situações efetivamente existentes. É claro que não estamos negando o fato de que, no Nordeste, ocorreram e ocorrem estiagens, que houve e há retirantes, que o cangaceiro ou que o beato não tenham sido personagens da história nordestina, que os coronéis ou que os jagunços não tenham sido presenças marcantes na política regional, que não exista miséria, fome ou violência no Nordeste, mas o que queremos questionar é que exista exclusivamente no Nordeste ou que exista lá apenas isso e que estes personagens e estes eventos sejam suficientes para dizer o que foi a história deste espaço e como seriam seus habitantes. Quero questionar, justamente, a lógica do discurso do preconceito e da estereotipia que é o de tornar o complexo e o diverso em algo simplificado e homogêneo, ignorando que no Nordeste existem muitas outras realidades, desde naturais, paisagísticas, climáticas, até muitas outras realidades sociais, étnicas, culturais, econômicas ou políticas. É preciso questionar o olhar reducionista e, muitas vezes, mal-intencionado que só consegue ver o mesmo, o repetitivo, o lugar-comum, quando se trata de dizer e de fazer ver o Nordeste e o nordestino. Esta região, notadamente, a partir da década de 1970, apresenta uma realidade bastante complexa e diversificada, em qualquer aspecto que se queira abordar. O Nordeste continua tendo altas taxas de miséria e de exclusão social, mas tem sido uma das regiões que mais têm crescido economicamente nas últimas décadas. Por um lado, não podemos acreditar no discurso de vitimização das elites nordestinas, o que Iná Elias de Castro no seu livro chamou de *O mito da necessidade*. Segundo esse mito a região passa por vítima de discriminação quando se trata da aplicação dos recursos federais; no entanto, aquela autora mostra que o Nordeste proporcionalmente recebeu, ao longo do século XX, muito mais do que foi capaz de produzir em termos de arrecadação. Por outro lado, também não se pode aceitar o discurso de que o Nordeste é um espaço parasitário a viver às custas da poupança, dos recursos e dos investimentos de outros estados. Os recursos investidos na região, através dos mecanismos de incentivos fiscais patrocinados pela Sudene, não só modernizaram e beneficiaram este espaço, como também contribuíram para a acumulação e reprodução do capital de empresas de outras áreas do país, inclusive de multinacionais. A mão de obra barata fornecida pela região, dentro e fora dela, a exploração do trabalho de sua população, foi um dos pilares do processo de acumulação de capital e de desenvolvimento do país.

O Nordeste é hoje um espaço diversificado do ponto de vista econômico, diverso do ponto de vista político, social e cultural, uma realidade complexa que não pode ser explicada lançando mão destes desgastados estereótipos construídos desde o princípio do século passado. O Nordeste nunca teve e não tem o monopólio da miséria e da exclusão social, marca de toda a sociedade brasileira. O Nordeste não é o único espaço no Brasil onde a violência, causada, entre outras coisas, pela enorme dívida social que o país acumulou durante sua história, tem adquirido contornos explosivos. O analfabetismo, a indigência, a fome, a falta de acesso aos bens mais primários e a certos bens trazidos pela sociedade de consumo e apresentados como necessidades indispensáveis para a vida humana, estão presentes nos grandes centros urbanos do país e não apenas nas cidades do Nordeste ou mesmo no sertão nordestino. O desequilíbrio ecológico e os danos irreversíveis causados ao meio ambiente por uma história de atividades e de atitudes predatórias que vitimaram não apenas o homem, mas a natureza, que de grandiosa e gigante, único motivo de orgulho das elites do país, tornou-se mais um gigantesco problema a ser solucionado, tornam as estiagens uma realidade não apenas do Nordeste, mas uma presença ameaçadora até para sistemas ecológicos onde isso era impensável há algum tempo, como o Pantanal e a Floresta Amazônica.

Hoje há, circulando no país, uma nova versão do Nordeste, mas que continua reforçando dados preconceitos em relação ao morador da região. Nas propagandas institucionais dos governos dos estados e de algumas cidades nordestinas ou na propaganda de empresas ligadas às atividades turísticas, o Nordeste é vendido como uma espécie de paraíso a ser descoberto pelas laboriosas populações de outras áreas do país ou do exterior. Este Nordeste das praias de águas quentes, dos coqueiros, das areias e dunas brancas, da rede, da jangada e da pousada ou do *resort*, da comida típica saborosa e exótica, das modernas casas e bandas de forró, este Nordeste de corpos sedutores e dispostos ao amor e ao sexo, alguns deles de crianças e adolescentes pobres entregues à prostituição, o que infelizmente também não é exclusividade do Nordeste, nem sequer do Brasil, reforça o estereótipo de que os nordestinos seriam pouco afeitos ao trabalho, viveriam literalmente de brisa, sal, sol e sexo. Sem sequer perceber quanta gente trabalha para que toda esta estrutura turística se mantenha, assim como sem se dar conta de quantas pessoas suam a camisa para que os intermináveis carnavais fora de época e de qualquer época possam ocorrer, continua-se a dizer que os nordestinos, afinal, são pobres porque não trabalham, vivem às custas, inclusive, do dinheiro dos trabalhadores residentes em outras regiões do Brasil, que vão anualmente deixar seu rico dinheirinho nas praias e nas festas nordestinas. Discurso que não pode ser respondido fazendo o discurso contrário, que muitas vezes ouvimos na imprensa da região, de que os nordestinos seriam os trabalhadores por excelência, aqueles que teriam erguido São Paulo, sem os quais não haveria Acre ou não haveria Brasília. Esta disputa, por quem é mais ou menos trabalhador, poderia dar lugar ao questionamento coletivo das condições de trabalho oferecidas ao trabalhador brasileiro, seja de que região for, e ao preconceito com que ainda é encarado o trabalho no Brasil, notadamente o trabalho braçal, resquício da sociedade escravista, que ainda não superamos. A origem geográfica nada tem que ver com a maior ou menor disposição para o trabalho, nada tem que ver com o tipo de habilidade que o trabalhador pode desenvolver ou o tipo de trabalho que pode executar. Quem diria que alguns dos melhores chefes de cozinha de alguns dos mais sofisticados restaurantes brasileiros são nordestinos, já que estes são vistos como portadores de rústicos paladares devotados ao sarapatel, à buchada e à caipirinha, pratos típicos que são o tormento de aspirantes à presidência da República em campanha.

Podemos, portanto, concluir que o preconceito quanto à origem geográfica em relação ao nordestino está associado não só à forma como a região e o seu habitante foram descritos, pensados, definidos pelas próprias elites nordestinas, desde o começo do século XX, mas também está associado a outros preconceitos, como o preconceito de classe, aquele dirigido contra as pessoas pobres, que se ocupam com as atividades mais desqualificadas no mercado de trabalho e o preconceito racial, já que a maior parte da população da região é mestiça ou negra. O nordestino também será vítima do preconceito dirigido aos menos letrados e analfabetos, já que uma boa parcela dos migrantes nordestinos dos anos 1930, 40 e 50, possuía baixa taxa de escolaridade. Temos que entender que o preconceito nasce das tensões sociais, geradas pelos mais diversos fatores, e deve ser visto também como uma arma nas lutas que opõem grupos sociais e de origem geográfica diversos. O preconceito é uma maneira de desqualificar o oponente, de tentar vencê-lo através do rebaixamento social, da estigmatização. Os nordestinos se deslocarão, em momentos específicos, para várias áreas do país, como a Amazônia, para a extração da borracha, no início do século XX, quando a indústria automobilística dava seus primeiros passos e a seringueira era ainda a principal fornecedora de borracha, ou durante a Segunda Guerra Mundial, na chamada batalha da borracha, parte do esforço de abastecimento dos países aliados. A chegada dos migrantes nordestinos vai gerar tensões com as populações locais e vai dar origem à figura do arigó, que no próprio

Nordeste passou a significar aquele que é bobo, que é tolo. No Sul, a disputa pelo mercado de trabalho, por moradia, por um melhor padrão de vida faz com que os nordestinos sejam estigmatizados em São Paulo, através da figura do "baiano", ou no Rio de Janeiro, através da figura do "paraíba". Na luta que se trava com as populações locais ou com os migrantes ou imigrantes de diversas origens, estes vão assacar contra o nordestino aquilo que consideram ser os aspectos que o desqualificam, como a condição social e racial. E para isto vão buscar o estoque de imagens e de enunciados que foram ao longo do século sendo gestados a respeito do homem do Norte ou do Nordeste. Todos são pobres, todos ocupam os extratos mais baixos da sociedade, mas o nordestino vai ser estigmatizado lembrando-se de sua condição de flagelado, de retirante, que o faria ocupar uma situação mais subalterna entre os subalternos. Mesmo entre os moradores das periferias das cidades ou das favelas, o nordestino pode ser visto como inferior por sua origem geográfica, por ser, como descreveram suas elites em seu discurso regionalista assentado na lamúria e na vitimização, os mais pobres dos pobres do Brasil.

Quando levamos em conta estes aspectos, torna-se mais fácil entender a forma preconceituosa como as classes dominantes do país olham para os nordestinos, notadamente àqueles das camadas populares. Já chamei atenção para certa invisibilidade que as elites nordestinas desfrutam quando migram ou estão fora de seu espaço. O nordestino de classe média ou rico não sofre o mesmo tipo de preconceito sofrido pelo nordestino pobre, embora o discurso regionalista nordestino tente fazer crer que sim, que todos são discriminados igualmente, que todo nordestino é vítima da mesma estigmatização. Creio que as elites nordestinas, quando sofrem preconceito, este advém exclusivamente da origem geográfica. No caso do nordestino das camadas populares, este preconceito vai ser potencializado pelo preconceito de classe. Durante o governo Lula, pudemos assistir várias demonstrações de preconceito não só quanto à origem geográfica, mas de explícito preconceito de classe social em relação ao Presidente. Um exemplo é a forma indignada como alguns colunistas reagiram à festa de São João, realizada na Granja do Torto, no primeiro ano de mandato, ao famoso Arraial do Torto. A festa foi vista, por estes colunistas, da mesma forma como se veem os nordestinos e os pobres, como brega, inoportuna, fora de lugar, folclórica, chegando a ser considerada uma afronta ao povo brasileiro e um desrespeito ao ritual para o cargo de presidente da República. A elite brasileira, quase sempre voltada para a Europa e Miami, que quase sempre teve vergonha de seu próprio povo e de suas próprias manifestações culturais populares, dava não só mais uma demonstração explícita de seu espírito colonizado, como de seu preconceito contra os trabalhadores e contra os nordestinos e suas manifestações culturais, pensadas como bregas e de mau gosto.

O Nordeste é uma área do país para onde não acorreu um grande número de imigrantes europeus, não apenas pelas condições climáticas, como queriam fazer crer alguns discursos do começo do século XX, mas principalmente por sua situação econômica e sua estrutura fundiária, já que além de grande parte das terras estar ocupadas, diferentemente do que ocorria nos estados do Sul, as principais atividades econômicas deste espaço estavam em processo de retração, requerendo menor quantidade de mão de obra, capaz de ser suprida pelos trabalhadores nacionais. Devido a esta situação, a população do Nordeste não foi branqueada, como pretensamente foi a de outros estados, que passaram a construir seus discursos de identidade apoiados na pretensa superioridade racial ou capacidade de trabalho destes imigrantes, fazendo com que o nordestino seja visto, por alguns, como uma raça inferior ou uma "sub-raça", fruto da mestiçagem de índios, negros e brancos. Esta condição étnica, com a predominância de caboclos, cafuzos, mulatos, pardos ou mesmo negros em sua população, motivo de vergonha para as próprias elites da região, que se consideravam e ainda se consideram brancas, é outro fator de estigmatização do nordestino. Como eco dos discursos eugenistas e racistas do final do século XIX e início do século XX, ao nordestino são atribuídas características psicológicas que adviriam de sua condição racial de mestiço, como a ideia de que o nordestino é tendente à violência e à agressividade, alimentada pelo mito do cabra-macho, elaborado na própria região. A palavra "cabra" já possuía um sentido racial e de classe, visto que era um termo utilizado na região para se referir ao homem pobre e pardo, homem subordinado ao mando de um poderoso. Bem como a ideia de que o nordestino é preguiçoso, pecha que passou a acompanhar negros e mestiços à medida que estes, como resposta ao trabalho compulsório da escravidão, entendiam o ser livre, a liberdade, como a possibilidade de trabalhar como e quando quisessem, ter o domínio sobre o seu próprio tempo de trabalho, o que as elites interpretavam como preguiça, quando elas próprias tinham repulsa ao trabalho braçal.

É, portanto, indispensável, como procurei demonstrar neste livro, o estudo da história do país para entendermos o preconceito de que é vítima o nordestino, bem como outras populações de origens geográficas diversas. Para compreendermos, também, os grandes conflitos e tensões que dividem os povos, as nações e outras regiões do globo faz-se necessário olharmos para o passado, sem que isto signifique o abandono de nossas responsabilidades no que tange a uma atuação no presente, no sentido de contribuirmos para que muitos destes preconceitos sejam questionados, um passo decisivo no caminho de seu desaparecimento. O que aprendemos com a história é, justamente, que tudo que está a nossa volta, tudo que fazemos, dizemos, somos, pensamos, foi produzido e inventado, historicamente, pelos próprios homens e, se é assim, também pode vir a ser destruído, abandonado, desinventado e desinvestido pelos próprios homens.

Bibliografia sugerida

ALBUQUERQUE JÚNIOR, Durval Muniz de. *A invenção do Nordeste e outras artes.* 2. ed. Recife/São Paulo: Massangana/Cortez, 2001.

_____. *Nordestino* — uma invenção do *"falo"*: uma história do gênero masculino (Nordeste — 1920/1940). Maceió: Catavento, 2003.

ANDRADE, Manuel Correia de. *O Nordeste e a questão regional.* São Paulo: Ática, 1993.

ARON, Raymond. *Paz e guerra entre as nações.* São Paulo: Imesp, 2002.

BARBOSA, Ivone Cordeiro. *Sertão*: um lugar incomum — o sertão do Ceará na literatura do século XIX. Rio de Janeiro/Fortaleza: Relume-Dumará/Secretaria de Cultura e Desporto do Estado, 2000.

COSTA, Maria de Fátima. *História de um país inexistente*: o pantanal entre os séculos XVI e XVIII. São Paulo: Estação Liberdade/Kosmos, 1999.

FERRETTI, Danilo José Zioni. *A construção da paulistanidade*: identidade, historiografia e política em São Paulo (1856-1930). Tese (Doutorado em História apresentada à FFLCH) — USP, São Paulo, 2004.

FREYRE, Gilberto. *Nordeste*: aspectos da influência da cana sobre a vida e a paisagem do Nordeste do Brasil. 6. ed. Rio de Janeiro: Record, 1989.

FREMOND, Armand. *A região, espaço vivido.* Lisboa: Livraria Almedina, 1980.

GUTIÉRREZ, Horácio; NAXARA, Márcia; LOPES, Maria Aparecida (Orgs.). *Fronteiras*: paisagens, personagens, identidades. Franca/São Paulo: Unesp/Olho D'Água, 2003.

JUNCO, José Alvarez. *Mater Dolorosa*: la idea de España en el siglo XIX. Madrid: Taurus, 2001.

LOVE, Joseph. *O regionalismo gaúcho*. São Paulo: Perspectiva, 1975.

MARTINS, André Roberto. *Fronteiras e nações*. São Paulo: Contexto, 1994.

MATTA, Roberto da. *O que faz o brasil, Brasil*. Rio de Janeiro: Salamandra, 1984.

MENEZES, Djacir. *O outro Nordeste*. 2. ed. Rio de Janeiro: Civilização Brasileira, 1972.

OLIVEN, Ruben George. *A parte e o todo*: a diversidade cultural no Brasil--nação. 2. ed. Petrópolis: Vozes, 2006.

ONAINDÍA, Mario. *La construcción de la nación española*: republicanismo y nacionalismo em la Ilustración. Barcelona: Sine Qua Non, 2002.

POSSAMAI, Paulo. *"Dall'Italia siamo partiti"*: a questão da identidade entre os imigrantes italianos e seus descendentes no Rio Grande do Sul (1875-1945). Passo Fundo: UPF, 2005.

PRADO, Maria Lígia. *A formação das nações latino-americanas*. São Paulo: Atual, 1994.

RIBEIRO, Gladys Sabina. *A liberdade em construção*: identidade nacional e conflitos antilusitanos no Primeiro Reinado. Rio de Janeiro: Relume-Dumará/Faperj, 2002.

SILVA, Wilton Carlos Lima da. *As terras inventadas*: discurso e natureza em Jean de Léry, André João Antonil e Richard Francis Burton. São Paulo: Ed. da Unesp, 2003.

SÜSSEKIND, Flora. *O Brasil não é longe daqui*: o narrador, a viagem. São Paulo: Companhia das Letras, 1990.

Referências bibliográficas

ALMEIDA, Lúcio Flávio de. *Ideologia nacional e nacionalismo*. São Paulo: Educ, 1995.

ANDERSON, Benedict. *Comunidades imaginadas*. Lisboa: Edições 70, 2005.

ARMSTRONG, John. *Nations before nationalism*. Chapel Hill: Chapel Hill University Press, 1982.

ARRUDA, Maria do Nascimento. *Mitologia da mineiridade*. São Paulo: Brasiliense, 1990.

BARCELLS, Albert. *Breve historia del nacionalismo Catalán*. Madrid: Alianza, 2004.

BERBEL, Maria Regina. *A nação como artefato*. São Paulo: Hucitec, 1998.

BLAS GUERRERO, Andrés de. *Nacionalismos e nações na Europa*. Madrid: Alianza, 1995.

BREUILLY, John. *Nationalism and the State*. Chicago: Chicago University Press, 1994.

BURKE, Peter. *A Revolução Francesa da historiografia*: a escola dos Annales, 1929-1989. São Paulo: Ed. da Unesp, 1991.

_____. *O que é história cultural*. Rio de Janeiro: Jorge Zahar, 2005.

CASTRO, Iná Elias de. *O mito da necessidade*: discurso e prática do regionalismo nordestino. Rio de Janeiro: Bertrand Brasil, 1992.

CERTEAU, Michel de. *A escrita da história*. 2. ed. Rio de Janeiro: Forense Universitária, 2002.

COHN, Amélia. *Crise regional e planejamento*. São Paulo: Perspectiva, 1976.

DEAN, Warren. *A ferro e fogo*: a história e a devastação da Mata Atlântica brasileira. São Paulo: Companhia das Letras, 1996.

DIAZ HERRERA, José. *Los mitos del nacionalismo Vasco*. Madrid: Planeta España, 2005.

DOBERSTEIN, Arnaldo Walter. *Estatuários, catolicismo e gauchismo*. Porto Alegre: Edipuc-RS, 2002.

GAUER, Ruth Maria Chittó. *A construção do Estado-nação no Brasil*. São Paulo: Juruá, 2001.

GEARY, Patrick. *O mito das nações*. São Paulo: Conrad do Brasil, 2005.

GELLNER, Ernest. *Nações e nacionalismos*. Lisboa: Gradiva, 1997.

GIDDENS, Anthony. *Estado, nação e violência*. São Paulo: Edusp, 2001.

GRANJA SAINZ, José Luís de la. *El nacionalismo Vasco*. Barcelona: Tecnos, 2002.

GREENBLATT, Stephen. *Possessões maravilhosas*: o deslumbramento do novo mundo. São Paulo: Edusp, 1996.

GRUZINSKI, Serge. *A colonização do imaginário*: sociedades indígenas e ocidentalização no México espanhol, séculos XVI-XVIII. São Paulo: Companhia das Letras, 2003.

GUIBERNAU, Montserrat; GAMA, Mauro; GAMA, Cláudia Martinelli. *Nacionalismos*. Rio de Janeiro: Jorge Zahar, 1997.

HARTOG, François: *Memória de Ulisses*: narrativas sobre a fronteira na Grécia Antiga. Belo Horizonte: Ed. da UFMG, 2004.

HELENA, Lúcia. *Nação-invenção*. São Paulo: Contra Capa, 2004.

HERMET, Guy. *História das nações e do nacionalismo na Europa*. Barcelona: Estampa, 1997.

HOBSBAWM, Eric J. *Nações e nacionalismo desde 1780*: programa, mito e realidade. Rio de Janeiro: Paz e Terra, 1990.

_____; RANGER, Terence. *A invenção das tradições*. 2. ed. Rio de Janeiro: Paz e Terra, 1997.

HOLANDA, Sérgio Buarque de. *Visão do paraíso*. 7. ed. São Paulo: Brasiliense, 1999.

JANCSO, Istvan. *Brasil*: formação do Estado e da nação. São Paulo: Hucitec, 2003.

MARTINS, André Roberto. *Fronteiras e nações*. São Paulo: Contexto, 1994.

NIETZSCHE, Friedrich. *A Gaia ciência*. São Paulo: Companhia das Letras, 2001.

O'GORMAN, Edmundo. *A invenção da América*. São Paulo: Ed. da Unesp, 1992.

PADOIN, Maria Medianeira. *Federalismo gaúcho*. Rio de Janeiro: Nacional, 2001.

PENA, Maura. *O que faz ser nordestino*. São Paulo: Cortez, 1992.

PIMENTA, João Paulo. *Estado e nação no fim dos impérios*. São Paulo: Hucitec, 2002.

POMER, Leon. *O surgimento das nações*. São Paulo: Atual, 1994.

RICUPERO, Bernardo. *Romantismo e a ideia de nação no Brasil*. São Paulo: Martins Fontes, 2004.

SAID, Edward. *Cultura e imperialismo*. São Paulo: Companhia das Letras, 1995.

_____. *Orientalismo*. São Paulo: Companhia das Letras, 1989.

SCHULZE, Hagen. *Estado e nação na história da Europa*. Lisboa: Presença, 1997.

SILVEIRA, Rosa Maria Godoy. *O regionalismo nordestino*. São Paulo: Moderna, 1984.

SMITH, Anthony D. *Nacionalismo*: teoría, ideología, historia. Madrid: Alianza, 2004.

_____. *Nação e nacionalismo numa era global*. Barcelona: Celta, 1999.

SOLE TURA, Jordi. *Nacionalidades y nacionalismos en España*. Madrid: Alianza, 1985.

SULLIVAN, John. *El nacionalismo Vasco radical*. Madrid: Alianza, 1988.

TODOROV, Tzvetan. *Nós e os outros*: a reflexão francesa sobre a diversidade humana. Rio de Janeiro: Zahar, 1993.

ZARUR, George de Cerqueira Leite. *Região e nação na América Latina*. Brasília: UnB, 2000.